KATRIN POKAHR
Tschüss, Kindergarten!
Ich bin bald ein Schulkind

Wenn du magst, kannst du für jedes gelesene Kapitel
ein Bild vom Bogen hinten im Buch
vorne auf der Karte einkleben – oder du malst
die Felder einfach bunt aus.
Viel Spaß!

DIESES BUCH LESEN

....

....

&

....

....

Katrin Pokahr

ICH BIN BALD EIN SCHULKIND

Mit fröhlichen Bildern von Jutta Berend

Weitere Titel der Autorin:
Ferdi & Flo – Der kleine Otter lernt schwimmen
Ferdi & Flo 2 – Große Hilfe für kleine Küken
Voll molliwollig – Ein Schaf kommt selten allein!

Noch mehr tolle Bücher, viele Videos und Ideen zum Basteln, Rätseln, Backen,
Zeichnen und Spielen gibt's hier: baumhausbande.com.

Die Bastei Lübbe AG verfolgt eine nachhaltige Buchproduktion. Wir verwenden
Papiere aus nachhaltiger Forstwirtschaft und verzichten darauf, Bücher einzeln in
Folie zu verpacken. Wir stellen unsere Bücher in Deutschland und Europa (EU)
her und arbeiten mit den Druckereien kontinuierlich an einer positiven Ökobilanz.

Originalausgabe

Copyright © 2024 by
Bastei Lübbe AG, Schanzenstraße 6–20, 51063 Köln

Vervielfältigungen dieses Werkes für das Text- und Data-Mining
bleiben vorbehalten.

Textredaktion: Nathalie Dörpinghaus
Umschlaggestaltung: Kirstin Osenau
Umschlagmotiv: Jutta Berend
Satz: Jeanette Steinberg, Buchgestaltung | Mediendesign, Leipzig
Gesetzt aus der Goudy Old Style
Druck und Verarbeitung: Druk-Intro S. A.

Printed in Poland
ISBN 978-3-8339-0869-9

5   4   3   2   1

INHALT

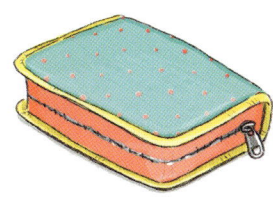

1

DAS UNIVERSUM DER GROSSEN

Auf diesen Tag hat Hugo lange gewartet, und heute ist es endlich so weit! Hugo steht im »Universum«, dem Reich der »Großen« in der Kindertagesstätte Holterdiepolter. Nur die Kinder, die nächstes Jahr in die Schule kommen, dürfen in diesen Raum. Mit den Spielsachen haben sie vorher noch nie gespielt. An den Wänden hängen Poster mit Zahlen und Buchstaben darauf. Zum Sitzen gibt es nicht nur Stühle, sondern auch ein paar gemütliche Sitzsäcke. Hugo fühlt sich wie der Kapitän eines Raumschiffs, das gerade in die unbekannten Weiten des Weltraums aufbricht.

Er sieht sich im Universum um. Linus liegt in einem Sitzsack und blättert in einem Buch. Charlotte und Mert haben die Bastelsachen hervorgeholt und sich damit an den runden Tisch gesetzt. Kofi hat die Kisten mit den Holzbausteinen entdeckt. Damit kann man Häuser oder Schiffe oder Tiere bauen. Mara hat den Kasten mit den Magnetsteinen geöffnet. Ist das ein Kran, den sie da gerade zusammensteckt?

Hugos Blick bleibt an den Kartons hängen, die in der Ecke liegen. Damit kann man bestimmt tolle Sachen bauen! Ein Raumschiff, das wäre doch was! Hugo wird natürlich der Kapitän und gleichzeitig der Steuermann, denn einer muss ja bestimmen und steuern! Ein schmaler Karton wird das Cockpit, und die lange Pappe benutzt er als Dach. Er schneidet vorne ein Fenster aus und klebt mit durchsichtiger Folie eine Scheibe hinein.

Als er gerade die Tür ins Cockpit schneidet, rutscht die Dachplatte herunter, obwohl er sie mit Klebeband am Laderaum festgemacht hat. Hinter dem Raumschiff steht Tabea. Sie hat den Laderaum weggezogen. Und die vielen kleinen Kartons, die Hugo als Proviantkisten einladen wollte, hat sie auch weggenommen!

»He! Lass das!«, ruft Hugo. »Das habe ich gebaut!«

»Aber ich brauche den Karton!«, ruft Tabea und zieht weiter am Laderaum.

»Ich hatte den zuerst!« Hugo hält den Karton fest.

Tabea zieht an der einen Seite, Hugo an der anderen.

Da reißt die Pappe auseinander. Tabea verliert das Gleichgewicht, taumelt und fällt auf das Raumschiff.

Hugo ist sauer: Der Laderaum ist zerrissen, und sein schönes Raumschiff hat eine riesige Delle!

»Alles kaputt! Nur wegen dir!«, ruft er.

Tabea ruft nach dem Erzieher: »Felix!«

»Was ist passiert?«, will er wissen.

Die Kinder sprechen aufgeregt durcheinander.

Felix hebt die Hand. »Ruhe bitte! Zuerst du, Tabea, dann Hugo.«

»Der hat alle Kartons und ich keinen!«, beschwert sich Tabea. »Das ist gemein! Ich wollte auch was bauen!«

»Du hast mein Raumschiff kaputt gemacht!«, schimpft Hugo.

»Aber du darfst nicht alle Kartons für dich haben«, ruft Tabea beleidigt. »Du bist echt doof!«

Hugo betrachtet das Raumschiff und hat eine Stinkwut im Bauch. Der größte Teil ist kaputt, auch das Cockpit mit der Scheibe, auf das er echt stolz war. Tabea ist eine ...

»Du blöde Ziege!«, ruft er, aber da sagt Felix: »Aufhören!«

Er sieht Hugo und Tabea an. »Ich verstehe, dass ihr beide sauer seid. Ich möchte, dass ihr eine Lösung findet, ohne euch zu beschimpfen.«

Keiner der beiden sagt etwas.

»Was könnt ihr tun, um den Streit zu klären?«, fragt Felix.

Hugo überlegt und sagt dann: »Wir verteilen die Kartons gerecht. Jeder bekommt gleich viele. Dann nehme ich eben weniger Proviant mit ins All.« Er merkt, dass seine Wut weg ist. Er will das Raumschiff reparieren.

Felix wendet sich an Tabea: »Hast du noch eine Idee?«

Tabea guckt auf den Boden und antwortet nicht.

»Wir könnten das Raumschiff zusammen wieder aufbauen«, sagt Hugo. »Aber ich kann das auch alleine machen.«

Tabea sagt nichts.

Felix dreht sich zu Tabea. »Ich möchte, dass du Hugo hilfst. Einverstanden?«

»Aber ich weiß gar nicht, wo die Teile hingehören«, murmelt Tabea.

»Ich zeig's dir«, sagt Hugo.

Gemeinsam reparieren sie die Dellen und den zerrissenen Laderaum und legen das Dach obendrauf.

Tabea ist beeindruckt. »Da war ja eine richtige Glasscheibe drin!«

Sie zieht die Folie wieder über das Fenster, und Hugo klebt sie fest. Jetzt ist sie noch besser gespannt als vorher. Tabea holt die Proviantkisten und bringt leere Plastikflaschen aus der Bastelecke mit. »Wir brauchen auch frisches Trinkwasser!«

»Klar! Pack es in den Laderaum!«, ruft Hugo.

Gerade als sie das Raumschiff fertig beladen haben, ruft Felix alle Kinder zum

Abschlusskreis an den runden Tisch in der Mitte des Universums.

»Ihr seid ja nun die Großen in unserem Kindergarten«, sagt er. »Was bedeutet das denn?«

Charlotte meldet sich. »Dass wir bald in die Schule kommen.«

»Stimmt«, antwortet Felix. »Wenn dieses Kindergartenjahr zu Ende ist, kommt ihr in die Schule.«

Hugo meldet sich. »Dass wir ins Universum dürfen.«

Der Erzieher nickt. »Richtig. Was bedeutet es noch, zu den Großen zu gehören?«

»Wer groß ist, ist der Bestimmer«, sagt Tabea.

»Findet ihr anderen das auch?«, fragt Felix.

»Nein!«, sagt Mara. »Man darf nicht einfach über andere bestimmen.«

»Auch nicht, wenn man groß ist«, sagt Mert.

»Ich find's blöd, wenn einer über mich bestimmt«, sagt Hugo.

»Gibt es nicht auch Dinge, die ihr als Große den anderen Kindern zeigen könnt?«, fragt Felix. »Wer hat euch zum Beispiel letztes Jahr beigebracht, wie man eine Schleife bindet?«

»Die Pauline, die jetzt in der Schule ist«, ruft Linus.

Felix nickt.

»Die Großen helfen den Kleinen, wenn die sich noch nicht alleine anziehen können«, sagt Kofi.

»Oder den Reißverschluss noch nicht zukriegen«, sagt Tabea.

»Richtig«, sagt Felix. »Und was können die Großen tun, wenn zwei Kinder sich streiten?«

»Wir helfen ihnen dabei, dass sie sich wieder vertragen«, antwortet Hugo.

»Sehr gut!«, sagt Felix. »Dann könnt ihr jetzt unseren Kaffeeklatsch vorbereiten. Heute gibt es Eis!«

Die Kinder jubeln. Tabea ruft: »Eis für die Großen!«

Da sagt Hugo: »Das ist ungerecht! Alle Kinder sollen Eis bekommen!«

»Genau!«, sagt Felix. »Wer zählt, wie viel Eis wir brauchen?«

»Ich!«, ruft Hugo.

Er saust zu den Gruppenräumen und zählt die Kinder, die heute da sind. Schließlich soll es für alle ein Eis geben. Als Großer muss er nämlich aufpassen, dass es gerecht zugeht.

2

AUF DER POLIZEIWACHE

Die Vorschulkinder der Kita Holterdiepolter machen heute einen Ausflug zur Polizei. Linus und Elif sind so aufgeregt, dass sie auf dem Weg zur Wache gar nicht aufhören können zu reden. Und dann fahren sie auch noch mit dem Bus hin!

»Wir sitzen ja ganz hoch oben!«, staunt Linus.

Der Bus fährt um eine Kurve, und Linus schwankt auf seinem Sitz. Elif zeigt ihm, wo er sich festhalten kann, und wundert sich: »Bist du noch nie mit dem Bus gefahren?«

»Nee! Ich komm immer mit dem Rad zum Kindergarten. Oder Mama und Papa fahren mit dem Auto.«

An der Tür der Wache klingeln sie. Eine Polizistin in Uniform und Schutzweste öffnet. »Hallo! Ich heiße Frau Küpper und zeige euch heute die Polizeiwache.« Sie winkt die Vorschulkinder, die Erzieherin Gabi und den Erzieher Felix hinein. »Schön, dass ihr uns besucht!«

In einem Raum mit vielen Tischen und Stühlen können die Kinder ihre Rucksäcke ablegen und etwas trinken.

»Bevor wir uns alles ansehen, möchte ich herausfinden, was ihr schon über die Polizei wisst«, erklärt Frau Küpper. »Was machen Polizistinnen und Polizisten eigentlich?«

»Verbrecher fangen!«, rufen Hugo und Amira gleichzeitig.

Elif weiß: »Die Polizei kommt, wenn ein Unfall passiert ist!«

Mert fällt ein, dass gestern auf dem Weg zum Kindergarten die Ampeln aus waren. Ein Polizist stand mitten auf der Kreuzung und gab den Autos Zeichen, wer fahren durfte und wer anhalten musste. »Polizisten regeln den Verkehr!«, ruft er.

»Meine Mama ist schon mal angehalten worden, weil ihr Licht am Rad nicht funktioniert hat«, sagt Linus.

Frau Küpper nickt. »Wenn Menschen etwas verkehrt machen, sprechen wir sie an und erklären ihnen, was sie falsch gemacht haben.«

Hugo meldet sich. Als Frau Küpper ihn aufruft, hat er für einen Moment vergessen, was er sagen wollte. Dann fällt es ihm wieder ein. »Als das Fahrrad von meinem Bruder geklaut worden ist, waren wir bei der Polizei. Wir

haben erzählt, wie das Fahrrad aussieht, und jetzt kann es sein, dass wir es wiederbekommen. Vielleicht wird der Dieb gefasst.«

»Alles, was ihr gesagt habt, ist richtig. Ihr kennt euch gut aus«, lobt Frau Küpper. »Wir helfen Menschen, das ist unsere wichtigste Aufgabe. Woran erkennt ihr eine Polizistin oder einen Polizisten?«

»Ist doch klar: an der Uniform!«, ruft Elif.

»Die ist blau und hat so Abzeichen«, ergänzt Charlotte.

Frau Küpper deutet auf ihren Ärmel. »Auf diesem Abzeichen zum Beispiel seht ihr das Wappen unseres Bundeslandes, und darüber steht ... kann das schon jemand lesen oder erraten?«

»Polizei!«, ruft Mert.

Den Kindern fallen noch die Schutzweste ein, das Funkgerät und die Polizeimütze. Hugo meldet sich.

»Hast du auch eine Waffe?«, fragt er.

»Ja, zu unserer Uniform gehört auch eine Waffe«, sagt Frau Küpper. »Zum Glück brauchen wir die nur ganz selten.«

Für die Tour durch die Wache stellen sie sich zu zweit auf. Elif und Linus gehen wie immer zusammen.

Sie kommen in einen Raum mit zwei Schreibtischen. Die sind so groß, dass alle neun Vorschulkinder mit Gabi und Felix drum herumsitzen

könnten. Vor jedem Schreibtisch steht ein Polizist an drei Computerbildschirmen.

»Das hier ist unser Wachbereich«, erklärt Frau Küpper. »Wenn jemand auf die Wache kommt, weil er Hilfe braucht, kümmern wir uns hier um ihn.«

Von nebenan hören sie Stimmen. Die klingen gar nicht echt, eher so, als kämen sie aus einer Dose.

»Was ist das?«, will Amira wissen.

»Da sitzt die Funkerin«, sagt Frau Küpper. »Sie hat den Überblick über alle Einsätze.«

Die Funkerin zeigt auf einen Kasten mit Knöpfen. »Das ist ein Funkgerät. Damit bin ich mit allen Polizistinnen und Polizisten der Stadt verbunden.«

Auch die Funkerin hat vor sich drei Bildschirme und ein Mikrofon, das einem langen Wurm ähnelt, der aus dem Schreibtisch kommt.

»Auf dem Computer sehe ich, wo unsere Leute gerade sind. Wenn jemand die Polizei ruft, dann weiß ich, wer in der Nähe ist, und schicke ein Team hin.«

Es knackt im Funkgerät. Die Funkerin legt den Zeigefinger auf den Mund. Sofort sind alle mucksmäuschenstill. Es rauscht, eine Stimme krächzt. Linus versteht gar nichts, aber die Funkerin schon. In der Nähe der Wache ist ein Unfall passiert.

Sie ruft einem Team zu: »Ihr müsst raus!« Ein Polizist und eine Polizistin springen sofort auf und laufen an den Kindern vorbei zum Ausgang.

Die Vorschulkinder setzen ihren Weg durch die Polizei-wache fort. Hinter einer grauen Tür liegt ein Raum, von dem drei Türen abgehen. Sie sind dicker als die anderen und haben nur von außen Griffe.

»Hier werden Verbrecher eingesperrt!«, sagt Amira.

Als alle vor einer der Zellen stehen, fragt Frau Küpper: »Was fällt euch auf?«

Die Zelle ist leer, bis auf eine Liege, die im Boden festgemau-ert ist, eine Toilette und ein Waschbecken. Es gibt nur ein Fens-ter. Das ist so hoch oben, dass man nicht hinaussehen kann.

Hugo betrachtet die massiven Türen genau. »Die kann man dreimal abschließen!«

Frau Küpper deutet auf den Riegel, das Schloss und die Kette.

Linus flüstert Elif zu: »Hier möchte ich nicht eingesperrt sein.«

Aber Elif möchte es ausprobieren. Einige andere Kinder und Gabi auch. Linus ist unsicher: Er findet die Zelle ein biss-chen unheimlich. Aber er weiß, dass nur Verbrecher richtig eingesperrt werden, und Frau Küpper die Tür gleich wieder öffnen wird. Elif nimmt seine Hand. »Ich lasse dich nicht los«, verspricht sie. Also betritt er die Zelle.

Mit einem dumpfen »Rums!« fällt die schwere Tür zu. Die Kinder hören, wie der Riegel vorgelegt wird. Mit einem Ratschen dreht sich der Schlüssel im Schloss, und zuletzt schließt Frau Küpper klirrend die Metallkette.

»Jetzt sind wir eingesperrt«, ruft Elif und grinst.

Linus' Herz klopft. Eingesperrt!

Er starrt auf die graue Tür, die keinen Griff hat. Schließlich *soll* man sie ja nicht öffnen können.

Elif drückt seine Hand.

Da öffnet sich eine Klappe in der Tür, ungefähr so groß wie Linus' Kindergartenrucksack. Draußen steht Frau Küpper mit Amira, Mert und dem Erzieher Felix, die nicht mit reinwollten.

»Huhu!«, rufen sie.

Wieder klirrt die Kette, der Schlüssel ratscht, und die Tür wird entriegelt. Frau Küpper öffnet, und sie sind wieder frei. Linus verlässt als Erster die Zelle.

Jetzt gehen sie zu den Streifenwagen, die vor der Tür parken, und Frau Küpper fragt, ob sie sich hineinsetzen möchten. Na klar!

Elif klettert schnell auf den Platz hinterm Steuer, Linus auf den Beifahrersitz.

Frau Küpper erklärt, dass sie immer zu zweit zu einem Einsatz unterwegs sind: »Die Fahrerin Elif bringt euch sicher und schnell ans Ziel. Der Beifahrer Linus sagt ihr, wo sie langfahren muss und bekommt über Funk alle Informationen, was passiert ist.«

Die Kinder drängeln sich um die offene Beifahrertür herum, weil alle ins Innere des Einsatzwagens sehen wollen. Frau Küpper zeigt ihnen, wie man das Blaulicht einschaltet. Und noch etwas anderes: »Ihr könnt eine Durchsage über den Lautsprecher machen. Alle zusammen und richtig laut. Was wollt ihr sagen?«

Elif weiß etwas und sagt es den anderen. Linus drückt den Lautsprecherknopf, und zusammen rufen sie so laut sie können: »Achtung! Achtung! Hier spricht die Polizei!«

Ein Fußgänger sieht sich verwundert um.

Zur Erinnerung macht Gabi ein Foto von allen vor dem Streifenwagen. Stolz blicken die Vorschulkinder in die Kamera. Elif sagt zu Linus: »Wenn ich einen Führerschein habe, fahren wir mal mit dem Streifenwagen!«

3

EIN SCHULRANZEN FÜR KOFI

Vor dem Geschäft hängen viele Taschen, sodass man die Eingangstür nicht sehen kann. *Vielleicht gibt es gar keine Tür*, denkt Kofi, *dann müssen wir nicht reingehen.* Doch Opa findet die Tür leider doch. Drinnen riecht es wie im Schuhladen, und Kofi muss sofort daran denken, wie es jedes Mal beim Schuhekaufen ist. Er muss viele Schuhe anprobieren, und Mama bringt immer mehr und sagt: »Lass uns nur noch sehen, wie die hier sitzen!«

Opa legt ihm die Hand auf die Schulter. »Jetzt suchen wir einen schönen Schulranzen aus.«

Kofi würde viel lieber zu Hause mit Opa spielen.

Eine Verkäuferin führt sie in einen Raum voller Schulranzen. In allen Farben reihen sie sich in Regalen aneinander, stehen auf Tischen und hängen in Trauben von der Decke.

»Muss ich die etwa alle anprobieren?«, ruft Kofi.

»Natürlich nicht«, beruhigt ihn die Verkäuferin.

Oma holt einen knallroten Ranzen aus einem Regal. »Also ich würde mir den hier aussuchen.«

Die Verkäuferin zieht die Schultergurte weit auf. Dann stellt sie sich mit dem Ranzen hinter Oma. »Darf ich Ihnen behilflich sein?«

Oma steckt zuerst den rechten, dann mühsam den linken Arm durch die Schultergurte und versucht, den Ranzen auf den Rücken zu ziehen. Aber Oma ist viel zu groß! Der Ranzen hängt schief, und sie kann die Arme kaum noch bewegen.

»Kofi, hilf mir! Ich stecke fest!«, ruft sie.

Kofi bekommt einen Lachanfall, als er Oma sieht.

Die Verkäuferin dreht sich zu ihm um. »Wie wäre es, wenn du dir unsere Ranzen anschaust, und ich erkläre deinen Großeltern, worauf man achten sollte, wenn man einen Schulranzen kauft.«

Kofi ist einverstanden.

Noch mehr Leute kommen in den Verkaufsraum. Kofi erkennt Charlotte aus seiner Kindergartengruppe und ihren Vater.

»Den will ich haben!« Charlotte zeigt auf einen Ranzen in verschiedenen Grüntönen. Vorne und an den Seiten sind Anstecker mit Bildern befestigt: Darauf sind bunte Monster mit Riesenaugen, die Grimassen schneiden und die Zähne zeigen.

»Natürlich ein Monsterranzen!«, sagt ihr Vater.

»Ich bin eben ein Monsterfan!«, sagt Charlotte. »Die Bilder kann man abnehmen.« Sie löst eines, das mit einem Druckknopf am Ranzen befestigt ist. »Wenn es neue Monsterbilder gibt, kann ich die austauschen.«

Da entdeckt Charlotte Kofi. »Welchen Ranzen hast du dir ausgesucht?«, fragt sie ihn.

Jetzt wäre es Kofi lieber, er hätte sich schon für einen entschieden. »Ich ... äh ... ich weiß es noch nicht genau«, murmelt er.

»Bestimmt einen mit Raumschiffen«, sagt Charlotte. »Das finden alle Jungs toll.«

»*Ich* nicht«, sagt Kofi bestimmt, »aber deinen finde ich schön.«

»Es ist noch gar nicht meiner«, sagt sie, »aber ich war schon ein paar Mal hier und habe mir Ranzen angeschaut, und den will ich jetzt haben.«

Charlotte zieht den Ranzen auf den Rücken. Geübt zurrt sie die Schultergurte fest, damit er gut sitzt.

Jetzt sieht Charlotte aus wie ein Schulkind, findet Kofi.

»Guck mal, wie klein dagegen deine Kindergartentasche ist.« Ihr Vater hält die Tasche neben den Ranzen.

»Für die bin ich echt zu groß«, sagt Charlotte.

Wie er selbst wohl mit einem Schulranzen auf dem Rücken aussieht? Viel interessierter als vorhin schaut sich Kofi jetzt die Schulranzen an. An der Decke hängen noch mehr. Ein Ranzen in Blau und Grün fällt ihm auf. Auf den Ansteckern sind Unterwassertiere: Delfine, Haie, Wale und Kraken schwimmen zwischen bunten Korallen.

Charlotte läuft zur Verkäuferin. »Kannst du uns bitte den Ranzen da runterzaubern?«

Die Verkäuferin lächelt. »Hallo, Charlotte! Schön, dass du wieder da bist! Hilfst du mir jetzt auch bei der Beratung?«

»Kannst du zaubern?«, ruft Kofi dazwischen.

»Abrakadabra! Simsalabim!«, ruft die Verkäuferin und schnippt mit den Fingern. Eine Traube mit Ranzen wird an einem Seil heruntergelassen.

Kofi staunt. »Wie geht das?«

»Zauberei!«, flüstert die Verkäuferin und zeigt ihm dann einen Schalter an der Wand. Sie löst den blau-grünen Ranzen vom Seil, drückt auf den Schalter, und die übrigen werden wieder hochgezogen.

Kofi setzt den Ranzen auf. Das fühlt sich anders an als der Kindergartenrucksack. Er schaut in den Spiegel. Da steht ein großer Junge! Einer, der alleine in die Schule gehen kann!

Die Bilder von den Unterwassertieren sind wirklich gut, findet Kofi. Sie passen genau in das Grün und Blau des Ranzens. Vorne und auf den Seiten verteilt sind graue Streifen. »Das sind Reflektoren. Die leuchten, wenn Licht darauf fällt. So kann man dich im Straßenverkehr besser sehen«, erklärt die Verkäuferin. Sie zeigt ihm, wie man die Gurte richtig einstellt und schaut ihn prüfend an. »Der passt!«

»Guck doch mal, was alles drin ist.« Charlotte zerrt den Ranzen ungeduldig von Kofis Rücken.

»Was soll denn da drin sein?«, will der wissen.

»Na, ein Mäppchen für Stifte und solche Sachen! Zum Schreiben!«

Kofi hat keine Ahnung, was ein Mäppchen überhaupt ist, und kommt sich ein bisschen dumm vor. Charlotte zeigt ihm, wie der Verschluss am Deckel des Ranzens funktioniert, und öffnet ihn. Sie holt ein Federmäppchen in demselben Blau und Grün wie der Schulranzen heraus. Rund um das Mäppchen verläuft ein Reißverschluss. Kofi zieht daran und klappt es auf. Buntstifte in allen Farben liegen ordentlich sortiert und festgeklemmt nebeneinander, außerdem ein Radiergummi, ein Anspitzer und ein Lineal. Kofi fährt mit den Fingern über die Stifte. Sie sind ganz neu, alle exakt gleich lang. Noch niemand hat sie benutzt. Am liebsten würde er sofort anfangen zu malen!

»Hier ist noch mehr.« Charlotte zieht eine Rolle mit Reißverschluss heraus und einen Beutel in Grün und Blau. »Das ist ein Schlampermäppchen für Filzstifte, Schere und so. Und in den Beutel kommen die Turnsachen.«

»Schlabbermäppchen?«, fragt Kofi, dem das alles zu schnell geht.

Charlotte verbessert ihn: »Nein! Schlam-per-mäpp-chen!«

Kofi nimmt alles genau unter die Lupe. Als er den Deckel des Ranzens schließen will, entdeckt er im Innenfach einen versteckten Reißverschluss. »Guck mal«, ruft er, »ein Geheimfach!«

Charlotte flüstert: »Ich habe auch so eins, aber das weißt nur du, sonst niemand.«

Kofi öffnet das Geheimfach. Darin findet er einen Geldbeutel, den man sich um den Hals hängen kann.

»Den Ranzen will ich haben!«, ruft Kofi.

Oma und Opa freuen sich und sehen die Verkäuferin fragend an.

Die sagt zu Kofi: »Das ist ein toller Ranzen – und er passt dir auch. Ich fände es aber gut, wenn du zum Vergleich noch ein anderes Modell anprobieren würdest.«

Kofi stöhnt. »Ich will aber keinen anderen, der hier ist toll!«

»Ich habe auch mehrere anprobiert«, mischt sich Charlotte ein. »Und bei den anderen sind auch tolle Sachen dabei, echt wahr! Manche haben sogar eine Trinkflasche und eine Brotdose!«

Zwei andere Schulranzen probiert Kofi aus. Aber keiner gefällt ihm so gut wie der erste. Und weil der auch am besten gepasst hat, entscheidet er sich für den.

Auch Charlotte bekommt ihren Ranzen. Bevor sie sich verabschieden, fragt sie: »Wollen wir morgen die Ranzen im Kindergarten zeigen?«

Das ist eine prima Idee, findet Kofi und freut sich jetzt schon auf den nächsten Tag. Dann wird er zum ersten Mal mit dem Schulranzen in den Kindergarten gehen. Und sich dabei ein bisschen so fühlen, als wäre er schon auf dem Weg in die Schule.

4

SCHNITZELJAGD IN DER NEUEN SCHULE

Alle Kinder, die nach den Sommerferien eingeschult werden, treffen sich heute in der »Roten Schule mit dem blauen Dach«. Sie sollen ihre neue Schule kennenlernen und die Kinder, die mit ihnen in eine Klasse kommen.

Mara ist enttäuscht, dass ihre Kindergartenfreundin Charlotte in eine andere Gruppe eingeteilt worden ist als sie. Jetzt ist ihre gute Laune weg, und sie hat gar keine Lust mehr auf die Schnitzeljagd durch die Schule.

»Hallo! Ich bin Anna! Und du?«

Vor Mara steht ein Mädchen mit langen blonden Haaren und lacht sie an. Sie hat eine Zahnlücke, und auf ihrem T-Shirt ist ein breit grinsender Hund, der ebenfalls eine Zahnlücke hat. Mara mag sie sofort.

»Ich heiße Mara«, sagt sie. »Dein T-Shirt ist lustig!«

»Finde ich auch«, antwortet Anna. »Das hab ich gestern bekommen, weil ich meinen ersten Zahn verloren hab.« Sie zeigt Mara die Zahnlücke.

»Wie ist der denn rausgefallen?«, erkundigt sich Mara.

»Der hat schon ein paar Tage gewackelt. Als ich gestern mein Frühstück gegessen hab, hab ich nicht dran gedacht – und plötzlich steckte er im Brot!«

Mara kichert. »Ein Milchzahnbrot!«, sagt sie und vergisst ihre schlechte Laune.

Sie kommt in eine Gruppe mit Hugo aus ihrer Kita Holterdiepolter, und mit Anna und Karl, die in einen anderen Kindergarten gehen.

Die Schnitzeljagd startet an der weißen Eingangstür. Eine Lehrerin erklärt: »Eure erste Aufgabe ist es, die Schulbücherei zu finden. Folgt den blauen Pfeilen. Wenn ihr dort seid, erfahrt ihr, wie es weitergeht!« Sie öffnet die Tür und lässt die Kinder hinein.

Mara erblickt viele Türen, die alle eine andere Farbe haben. *Wo ist wohl mein Klassenzimmer?*, überlegt sie, doch da stürmt Anna schon los.

»Da ist einer!« Sie deutet auf einen blauen Pfeil aus Papier, der an der Wand klebt. Die drei anderen laufen Anna hinterher. Der nächste Pfeil führt sie um eine Ecke herum und auf eine Treppe zu.

Hugo dreht den Kopf in alle Richtungen. »Und jetzt?«

Zwischen bunten Bildern an der Wand entdeckt Karl einen weiteren Pfeil in Form von Treppenstufen. »Wir müssen die Treppe rauf!«, ruft er, und schon rennen alle nach oben. Dort bleiben sie außer Atem stehen und sehen sich um. Sie finden keine Pfeile, dafür eine blaue Tür, die nur angelehnt ist.

Anna steckt einfach den Kopf hindurch und macht: »Kuckuck! Ist hier die Bücherei?«

Mara ist beeindruckt. Das hätte sie sich nicht getraut!

Drinnen ist alles voller Bücher. In einem Sessel sitzt eine Frau, die sie freundlich hereinwinkt. Als die Kinder vor ihr stehen, beginnt sie zu sprechen:

»Hier gibt es Bücher, sehr, sehr viele,
und dazu noch viele Spiele.
Hier gibt's Geschichten über Abenteuer,
Rätsel, Tiere, Ungeheuer.
Nun müsst ihr ein Rätsel lösen,
dabei solltet ihr nicht dösen:
Weiter geht die Schnitzeljagd,
wenn ihr meinen Namen sagt.

Ich heiße nicht Frau Maus,
ich heiße nicht Frau Laus,
auch nicht Frau Baum
oder Frau Traum.
Mein Name klingt wie Heim und Leim.
Ich bin Frau ...«

»Reim!!«, rufen Anna und Karl gleichzeitig.

»Genau! Sehr schlau!«, ruft Frau Reim und gibt jedem der Kinder ein Blatt Papier, auf das ein »B« gestempelt ist: »B« wie »Bücherei«.

»Nun müsst ihr in den Musikraum eilen«, sagt Frau Reim, »folgt dafür den weißen Pfeilen.«

Als sie wieder im Gang stehen, fragt Mara: »Ob die immer so redet? Dann möchte ich die nicht als Klassenlehrerin haben.«

Karl nickt. Frau Reim ist zwar lustig, aber nicht leicht zu verstehen.

Anna hüpft auf und ab und ruft: »Dumm! Bumm! Hecke! Zecke! Wurst! Durst!«

Lautes Getrampel auf der Treppe kündigt die nächste Gruppe an. Nichts wie weiter!

Hugo zeigt nach links. »Da ist ein weißer Pfeil!« Die vier rennen den Gang entlang, dann eine Treppe runter. Schnell finden sie den Musikraum im Erdgeschoss.

Auf den Tischen liegen Trommeln. In der Mitte steht eine Lehrerin, die eine große

Trommel vor dem Bauch trägt. »Nehmt euch ein Instrument und macht mit!«, ruft sie.

Sie geht langsam im Kreis. Im Rhythmus der Schritte schlägt sie die Trommel. Die Kinder gehen hinter ihr her und trommeln mit.

»Jetzt werden wir schneller«, ruft die Lehrerin. Sie beschleunigt Schritte und Trommelschläge. Es wird immer schwieriger, im Takt zu bleiben. Bald rennen sie fast. Hugo fürchtet, dass er gleich stolpert, aber da hält die Lehrerin an.

»Gut gemacht!«, ruft sie. »Ich freue mich auf den Musikunterricht mit euch!« Auf das Papier mit dem »B« drückt sie jedem ein weiteres Stempelbild, eine Trommel. »Ihr müsst insgesamt sechs Stempel sammeln«, erklärt sie. »Als Nächstes folgt ihr den roten Pfeilen!«

Anna, Mara, Hugo und Karl laufen den roten Pfeilen nach – und kommen zu den Toiletten. Karl findet, dass sie nicht gut riechen. Anna hält sich die Nase zu und tut so, als würde sie in Ohnmacht fallen. Jeder bekommt einen roten Stern-Stempel.

Sie kommen am Lehrerzimmer und an der Turnhalle vorbei. Danach führen gelbe Pfeile sie in den Schulgarten.

»Das sind meine Lieblingsblumen!« Mara zeigt auf ein Beet mit Sonnenblumen. »Die mag ich auch«, sagt Anna. »Wir haben Sonnenblumen zu Hause.«

»Was ist das?« Hugo zeigt auf ein Beet, in dem grüne Büschel in langen Reihen aus der Erde gucken.

Da sagt eine tiefe Stimme: »Na, was wohl?«

Überrascht drehen die Kinder sich um. Hinter ihnen steht ein Mann mit einer Harke in der Hand. »Wisst ihr nicht, was da wächst?«, sagt er. »Gut, dass ihr bald in die Schule kommt!«

»Sind das Möhren?«, fragt Mara.

»Probier's aus«, sagt der Mann.

Mara nimmt eines der Büschel, zieht – zack! – und hat eine Möhre in der Hand. »Ja!«, jubeln die vier.

Der Mann grinst. »Zur Belohnung dürft ihr die Möhre essen!«

Essen? Die Kinder starren die Möhre an, die voller Erde klebt. Lecker sieht sie nicht gerade aus! Der Lehrer stempelt ein Ahornblatt auf jeden Zettel. »Dann macht, dass ihr weiterkommt!«, sagt er. »Immer den grünen Pfeilen nach.«

Sie flitzen aus dem Schulgarten. Wo sind die Pfeile? Sie sehen noch, wie ein Mädchen einen grünen Pfeil vom Zaun abreißt. »Lass den hängen!«, ruft Karl.

»Der gehört jetzt mir!«, ruft das Mädchen. Sie will weglaufen, als eine tiefe Stimme ertönt: »Stopp! Der Pfeil bleibt hier!«

Die Kinder fahren herum. Der Lehrer von eben steht da und sieht das Mädchen an. »Das lass mal lieber sein, hörst du?«

Sie kommen zurück auf den Schulhof, auf dem die Schnitzeljagd begonnen hat.

Schon zu Ende?, denkt Mara. Sie wäre gerne noch weiter mit Anna, Hugo und Karl durch die Schule gelaufen.

Auf einem Tisch stehen Wasser, Obst und Malsachen. Eine Lehrerin sagt: »Hier könnt ihr euch stärken und noch ein Bild von unserer Schule malen.«

Anna und Mara malen das rote Gebäude mit dem blauen Dach und den Schulhof mit dem Spielplatz. Mara malt zwei Mädchen davor, die sich an den Händen halten. Eines hat eine Zahnlücke. Anna erkennt sich sofort. Das gefällt ihr!

Schließlich ist der Nachmittag zu Ende. Auf Wiedersehen! Bis zum ersten Schultag!

5

„SKI-RENNEN" BEIM SOMMERFEST

Die Vorschulkinder der Kita Holterdiepolter bereiten Apfelkuchen vor. Die Äpfel haben sie morgens auf dem Markt gekauft. Jetzt arbeiten sie zusammen mit Herrn Heuger, dem Koch, in der Küche. Die einen rühren den Teig, die anderen schälen und schneiden die Äpfel. Heute findet in der Kita das Sommerfest statt!

»Aua!« Amira lässt das Messer fallen! Aus einem Schnitt im Zeigefinger tropft ein wenig Blut.

»Herr Heuger!«, ruft sie laut. »Ich hab mich geschnitten!«

Der Koch wickelt ein sauberes Taschentuch um den Finger und sagt: »Feste drücken! Dann hört es gleich auf zu bluten.«

Die anderen Kinder umringen Amira.

»Lass mal sehen!«, ruft Mara.

»Tut es sehr weh?«, fragt Linus mitfühlend.

Kofi läuft aus der Küche in den Waschraum und kommt kurz darauf mit einem Pflaster zurück. »Hier, Amira!«, ruft er und verarztet sie.

Als er damit fertig ist, dürfen alle Kinder noch Teigreste naschen.

Jetzt tut der Finger nicht mehr weh.

Am Nachmittag duftet der Kindergarten nach Apfelkuchen. Auf der Wiese sind Tische und Bänke und das Kuchenbuffet aufgebaut. In den Bäumen hängen bunte Girlanden. Am liebsten würden die Kinder sofort den frischen Apfelkuchen probieren, aber vorher findet das Ski-Wettrennen statt.

Amira, Kofi, Mara und Linus sind schon startbereit. Letztes Jahr haben sie gegen die Eltern verloren und waren hinterher ziemlich geknickt. Sie hätten lieber gewonnen. »Als Vorschulkinder dürfen wir das Wettrennen aber nicht verlieren!«, hat Amira gesagt. Das fanden die anderen auch. Deshalb haben sie das ganze Kindergartenjahr über immer wieder geübt, mit den Holzskiern schneller voranzukommen.

Jetzt stehen sie hintereinander an der Startlinie und bringen sich in Position: vorne Amira, dann Kofi, Mara und Linus und ein Stück weiter rechts die Mamas und Papas.

Die Kindergartenleiterin Lisa gibt das Startsignal. Bei »Loooos!« stecken die Kinder die Füße in die Schlaufen auf den Brettern. Sie zählen bis drei und marschieren im Gleichschritt los, genauso wie sie es geübt haben.

Schnell schaffen sie die erste Hälfte der Rennstrecke. Amira wirft einen Blick nach hinten. Die Eltern hatten Probleme beim Start, aber jetzt holen sie auf.

»Schneller!«, ruft sie, und Kofi, Mara und Linus kreischen. Als sie das nächste Mal den linken Ski anheben, ruft Amira das Kommando, das sie sich selbst ausgedacht haben: »Links, links, wenn die Eltern kommen, stinkt's!«

Die Eltern haben die halbe Strecke geschafft. Doch auf einmal verliert Linus' Papa das Gleichgewicht. Amiras Mama gerät auch ins Straucheln. Sie rudern hektisch mit den Armen! Doch sie können sich nicht mehr halten und reißen die anderen mit. Nun liegen alle Mamas und Papas lachend im Gras.

Amira, Kofi, Mara und Linus aber sind im Ziel und jubeln!
Gewonnen!

Nach dem Rennen stürmen sie das Kuchenbuffet. Als alle
satt sind, stellen sich die Vorschulkinder auf der kleinen Mauer
auf wie auf einer Bühne. Neben ihnen stehen Merts Eltern.
Beide haben Gitarren in der Hand.

Merts Mama wartet, bis niemand mehr mit einer Kaffeetasse
klappert, und sagt: »Die Vorschulkinder kommen ja bald in die
Schule – und sie haben sich ein Lied ausgedacht, mit dem sie

sich verabschieden möchten. Viel Spaß!« Sie zählen bis drei, dann spielen sie die Melodie vom »Pippi Langstrumpf«-Lied.

Mert ruft: »Das ist ein Lied von Mert ...«, und er zeigt auf sich selbst, danach ruft Elif: »Elif!« und deutet ebenfalls auf sich. So geht die Reihe weiter, bis alle Vorschulkinder ihre Namen gerufen haben: »Amira!« – »Charlotte!« – »Tabea!« – »Kofi!« – »Mara!« – »Linus!« – »Hugo!«

Und dann legen sie los:

»Zwei mal drei macht sechs,
widdewiddewitt und drei macht neune.
Wir lernen bald wie wild,
weil uns das so gut gefällt.

Jetzt geht es in die Schule,
trallali, trallahey, tralla hopsasa!
Jetzt geht es in die Schule,
trallali tralla hopsasa!

Schön war's im Kindergarten,
mit spielen, lesen, basteln.
Das war eine Welt,
widdewidde wie sie uns gefällt.

Ihr habt ein Haus,
ein kunterbuntes Haus,
mit vielen Kindern drin,
die schauen dort zum Fenster raus.
Ihr habt ein Haus,
ein kunterbuntes Haus.
Wir mögen euch so sehr
und kommen gerne wieder her!

Kochen mit Herrn Heuger,
das machte uns viel Freude.
Wir hauten immer rein,
widdewiddewitt so soll es sein!

Jetzt geht es in die Schule,
trallali, trallahey, tralla hopsasa!
Jetzt geht es in die Schule,
trallali tralla hopsasa!

Da ruft Merts Mama: »Und jetzt alle!« Der ganze Kindergarten singt den Refrain noch einmal zusammen, und dann klatschen alle wie wild! Ganz besonders laut klatschen Gabi, Lisa und Felix.

»Ein tolles Abschiedslied! Das habt ihr super gedichtet!«, sagt Gabi strahlend. »Vielen Dank!«

»Und wir haben noch mehr!«, ruft Amira und holt etwas hinter der Mauer hervor.

Alle Vorschulkinder springen von der Mauer und helfen ihr, das Abschiedsgeschenk zu tragen, das ziemlich schwer ist.

»Ein Meisenkasten!«, ruft Felix. »Wie schön! So einen wollten wir schon immer aufhängen!«

Bunte Abdrücke von Kinderhänden sind auf dem Meisenkasten verteilt.

»Jeder hat seinen Namen in den Handabdruck geschrieben«, sagt Kofi stolz.

»Genau. Wir haben alle unterschrieben«, sagt Amira. »Damit ihr immer an uns denkt!«

Dann erklärt sie Felix noch, dass sie und Kofi ihre Handabdrücke in den Farben ihrer neuen Schule gemacht haben: rot für die Wände, blau für das Dach.

6

EINE NACHT IM KINDERGARTEN

Mert zählt die Schlafsäcke. Acht Stück liegen schon in der Ecke neben den Garderoben. Mert legt seinen Schlafsack auf die anderen drauf. Dann hängt er den Rucksack an seinen Haken. Darin ist alles, was er für die Übernachtung im Kindergarten braucht. Ganz oft hat er nachgeschaut, ob auch nichts fehlt: Badehose, Handtuch, Zahnbürste, Schlafanzug und natürlich sein Kuschelhund Herr Wuff.

Jetzt verabschiedet er sich noch schnell von Papa und rennt zu seinem Freund Emil, der sich am Maltisch gerade die Fingernägel bunt anmalt.

»Weißt du, was wir heute machen?«, ruft Mert. »Wir gehen ins Schwimmbad! Und danach übernachten wir im Kindergarten!«

»Aber nur die Großen«, sagt Emil ein bisschen enttäuscht. Er ist ein Jahr jünger als Mert und noch kein Vorschulkind.

»Ja, weil wir bald in die Schule kommen«, sagt Mert. »Du bist nächstes Mal dran.«

Im Schwimmbad findet Mert es ungewohnt, nicht mit Mama und Papa hier zu sein. Aber als alle Kinder sich an die Hand nehmen und gemeinsam mit der Erzieherin Gabi und dem Erzieher Felix ins Wasser rennen, vergeht das schnell. Sie machen eine Wasserschlacht, und Mert spritzt immer in Gabis Richtung, weil sie so schön prustet und am lautesten von allen lacht.

Später rutschen die Kinder auf der Wasserrutsche. Aber Mert traut sich nicht.

»Ich will nicht mit dem Kopf unter Wasser tauchen, wenn ich unten rauskomme«, sagt er zu Gabi.

»Sollen wir vielleicht einmal zusammen rutschen?«, fragt sie.

Das ist eine gute Idee, findet Mert. Und weil er überhaupt nicht untertaucht, traut er sich dann doch, allein zu rutschen. Und dann noch mal und noch mal.

Am Schluss drängen sich alle Kinder nebeneinander auf die breite Rutsche und halten sich an den Händen. Mert sitzt zwischen Linus und Charlotte. Unten im Becken stehen Felix und

Gabi und zählen: »Eins – zwei – drei!« Die Kinder rutschen los und werden immer schneller. Auf halber Strecke ist ein Hubbel, bei dem alle in die Höhe hopsen. Dabei wird Mert von Charlotte losgerissen. Er streckt den Arm aus, greift nach ihrer Hand und bekommt sie wieder zu fassen. Mit einem Riesenplatsch sausen sie ins Wasser. Gabi und Felix klatschen Beifall!

Als die Kinder am Abend in den Kindergarten zurückkommen, sind die Gruppenräume leer und aufgeräumt.

»Boah! Ist das still hier«, staunt Mert.

»Alle anderen Kinder sind jetzt zu Hause«, sagt Felix. »Heute gehört der Kindergarten nur euch Großen.«

Da wird es Mert feierlich zumute. Er schaut auf die lange Wand, an der neun Schultüten von der Decke hängen. Sie sind geschmückt mit Einhörnern, Planeten, Dinosauriern. Auf Merts Schultüte sind lauter Sachen drauf, die Mert mag – so hat er sich das gewünscht. Die Eltern haben sie zusammen mit den Kindern gebastelt, und seit Wochen geht er jeden Tag daran vorbei. Morgen dürfen die Kinder sie mit nach Hause nehmen.

Sie essen unter dem Kirschbaum im Garten. Es dämmert bereits, und überall leuchten bunte Gläser mit Kerzen drin.

Nach dem Essen spielen sie im Dunkeln Verstecken. Mert darf als Erster suchen. Eigentlich kennt er im Kindergarten die Rutsche, das Spielhaus und die Bäume sehr genau. Aber jetzt kann er erst im letzten Moment erkennen, wer eigentlich hinter dem Baum steht oder sich unter der Bank versteckt hat.

»Mara, bist du das?«, fragt er vorsichtig, als es in den unteren Ästen der Tanne raschelt. Keine Antwort.

»Mara?!« Zögerlich geht er näher heran. Plötzlich flattert eine schwarze Krähe krächzend aus der Tanne in den Nachthimmel. Mert springt vor Schreck in die Höhe. Mara saust die Rutsche hinunter. »Hier bin ich!«, ruft sie.

Mert wird gar nicht müde. Er könnte die ganze Nacht auf das Spielhaus klettern und rutschen. Kofi auch. Er sprintet hinter Mert her und versucht ihn zu fangen, aber Mert ist schneller. Irgendwann hören sie Felix rufen: »Kommt jetzt bitte zum Zähneputzen und dann ab in die Schlafsäcke!«

Unter dem Vordach liegen elf Luftmatratzen. Einige Kinder haben sich bereits in die Schlafsäcke gekuschelt, Gabi und Felix sitzen mittendrin. Gemütlich ist das, findet Mert und sucht sich seinen Platz. Er hat den Schlafsack direkt neben Gabis gelegt.

»Ich bin noch gar nicht müde«, sagt er zu ihr.

Hugo ruft: »Ich auch nicht! Ich will noch toben!«

»Wisst ihr«, sagt Gabi, »genauso geht es dem kleinen Geist in meiner Geschichte. Der will auch nicht schlafen. Und Geister haben es da noch viel schwerer als ihr: Die sind immer nur eine Stunde lang wach, und zwar in der Geisterstunde zwischen Mitternacht und ein Uhr morgens. Könnt ihr euch das vorstellen? Immer nur eine Stunde Zeit zu haben zum Spuken, Toben, Spielen und für alles andere?«

Sie schütteln die Köpfe. Gabi senkt die Stimme, und die Kinder rücken nahe an sie heran, um kein Wort zu verpassen. »Das ist sehr kurz, findet auch der kleine Geist. Und deshalb beschließt er eines Nachts, am Ende der Geisterstunde nicht wieder schlafen zu gehen.« Gabi erzählt, was der kleine Geist alles anstellt, um wach zu bleiben. Aber

wen er alles trifft
in dieser Nacht, erfahren sie nicht
mehr. Denn bald sind Mert und alle anderen eingeschlafen.

Am nächsten Morgen scheint die Sonne auf das Spielhaus, und im Kirschbaum zwitschern die Vögel. Mert schlägt die Augen auf. Irgendetwas ist anders als sonst. Natürlich! Er ist ja im Kindergarten! Schnell setzt er sich auf. Rechts neben ihm liegt Gabi, auf der anderen Seite Kofi. Er schnarcht. Mert grinst,

beugt sich hinüber und hält ihm die Nase zu. Kofi fängt an zu husten und schubst Merts Arm zur Seite. »Lass das!« Am liebsten würde Mert sofort eine Kissenschlacht anfangen, da hört er Gabis Stimme: »Na, Mert, kannst du nicht mehr schlafen?«

Nach dem Frühstück ist es so weit. Alle versammeln sich im Flur bei den Schultüten. Gabi steigt auf eine Leiter. Vorsichtig nimmt sie eine Schultüte nach der anderen ab und gibt sie den Kindern. Mert bekommt seine Schultüte mit dem Hund, dem Fahrrad, dem Eis, dem Trampolin und dem Fußball drauf. Gabi legt die Hand auf seine Schulter und sagt: »Tschüss, Mert! Ich wünsche dir viel Spaß in der Schule!«

Mert denkt daran, dass er Gabi und die anderen nun nicht mehr jeden Tag sehen wird. »Kann ich euch mal besuchen?«

»Natürlich! Komm einfach mal nach der Schule vorbei.«

»Ich will aber auch beim Frühstück und beim Morgenkreis dabei sein«, wendet Mert ein.

»Da haben Schulkinder Unterricht«, sagt Gabi.

Mert nickt. Und mit einem Mal fühlt er sich groß, viel größer als ein Kindergartenkind. »Dann komme ich in den Ferien«, sagt er. »In der Schule gibt's nämlich auch Kindergartenferien. Die heißen dann aber Schulferien. Und davon hat man als Schulkind ganz viele.«

Und dann stellt er die Schultüte noch einmal ab, legt die Arme um Gabi und drückt sie zum Abschied.

7

AUF IN DIE SCHULE!

Die Sonne scheint in Maras Zimmer. Ihre Strahlen wandern langsam von der Fensterbank zum Schreibtisch. Als sie ihren Schulranzen erreichen, springt Mara aus dem Bett. Heute ist ein besonderer Tag. Er fühlt sich ein bisschen an wie Weihnachten, findet sie. Es wird Geschenke und Überraschungen geben, und vor lauter Vorfreude muss sie schon seit Tagen sehr viel hüpfen. Einen Tag wie heute hatte Mara noch nie. Es ist ihr erster Schultag!

Aber da ist auch noch etwas anderes. Mara hat so ein seltsames Kribbeln im Bauch, irgendwo hinter ihrem Bauchnabel. Zuerst war es nur ein kleines Ameisenkribbeln. Aber seit gestern Abend ist daraus ein riesiger Ameisenhaufen geworden. Der drückt und kribbelt so sehr, dass Mara gar nicht frühstücken will.

Papa und Mama finden es nicht schlimm, dass sie nichts essen möchte.

»Das ist die Aufregung«, sagen sie.

Die Aufregung ist Mara gerade ziemlich egal, aber die Sache mit den Ameisen im Bauch findet sie sehr seltsam. Nicht, dass sie krank ist und am Ende noch im Bett bleiben muss wie ihre Freundin Charlotte. Die hat die Windpocken und muss ausgerechnet heute zu Hause bleiben. Als Papa ihr das erzählt, wird Maras Kribbeln im Bauch noch doller!

Mit dem Schulranzen auf dem Rücken und der Schultüte im Arm geht Mara kurz darauf mit ihren Eltern und Oma und Opa zur Schule. Auf die Schultüte ist Mara sehr stolz. Sie ist gelb, das ist der Strand. Darauf kleben echte Muscheln und Seesterne aus Papier. Das Wasser ist aus blauem Glitzerpapier ausgeschnitten, das in der Sonne funkelt.

Die Schultüte ist schwer. Was da wohl alles drin ist? Zum Glück trägt Opa sie ab der Kreuzung.

»Auf welches Schulfach freust du dich am meisten?«, fragt er.

»Auf Sachunterricht!«, sagt Mara. »Da forscht man nämlich, und ich will über Steine forschen.«

Bevor die Schule anfängt, findet in der Kirche an der Schule ein Gottesdienst statt. Es werden viele Lieder gesungen, aber der Pfarrerin kann Mara gar nicht richtig zuhören. Sie muss sich andauernd umschauen. Werden die vielen Kinder hier in der Kirche alle eingeschult? Einige Reihen weiter hinten entdeckt sie Hugo und Linus aus ihrem Kindergarten und winkt ihnen zu. Wo ist bloß Elif?

Als der Gottesdienst zu Ende ist, strömen alle durch das Schultor auf den Schulhof und von dort in die Turnhalle.

Endlich geht es los! In der Turnhalle sind Stühle und Bänke aufgestellt. Vorne stehen die Lehrerinnen und Lehrer. Mara mustert sie und überlegt: *Wen bekomme ich wohl?* Die Eltern sollen hinten auf den Stühlen Platz nehmen, die Kinder vorne auf den Bänken. Die Kinder wollen sich alle gleichzeitig hinsetzen, das gibt ein ziemliches Durcheinander!

Mara hält immer wieder nach den Kindern aus ihrer Kita Ausschau. Die Kinder, die neben ihr sitzen, kennt sie gar nicht. Ihre Eltern kann sie nicht mehr entdecken. Die Ameisen in Maras Bauch werden plötzlich immer mehr. Und jetzt fällt Mara ein, dass ihr Bauch ja leer ist. *Kein Wunder, dass die Ameisen so herumkrabbeln*, denkt sie, *die haben nichts zu essen!*

Da erklingt auf einmal Musik. Die Kinder aus den zweiten, dritten und vierten Klassen singen für die, die in die erste Klasse kommen, ein Willkommenslied. Danach tanzen sie einen Buchstabentanz. Die Schulleiterin begrüßt die Neuen und ihre Eltern. Sie erklärt, dass jedes Kind einzeln mit Namen aufgerufen wird, um dann in seine Klasse zu gehen.

Ich soll alleine nach da vorne gehen?, denkt Mara.

Jetzt haben die Ameisen irgendwo einen riesigen Kartoffel-kloß gefunden. Zumindest fühlt es sich so an. Der Kloß ist schwer, und Tausende Ameisen krabbeln auf ihm herum.

Die Schulleiterin fängt an, die Namen der Kinder vorzu-lesen. Maras Herz beginnt heftig zu pochen. Ihr fällt ein, dass sie Mama und Papa noch gar nichts von den Ameisen erzählt hat und auch nicht vom Herzklopfen – vielleicht ist sie wirklich krank? Gerade will sie aufstehen, um ihre Eltern zu suchen, da hört sie ihren Namen:

»Mara Faller.«

Mara springt auf. Sie schultert den Ranzen und geht lang-sam nach vorn. Die Schulleiterin lächelt sie freundlich an und führt sie zu den anderen Kindern, die in die Leopardenklasse kommen. Eine Frau mit einem Leoparden aus Stoff auf dem Arm gibt Mara die Hand und sagt: »Herzlich willkommen! Ich bin Frau Stolten, deine Klassenlehrerin.«

Sie klingt nett, findet Mara, und der Leopard gefällt ihr. Sie blickt zu den anderen Kindern aus ihrer Klasse hinüber. Und dann macht ihr Herz plötzlich einen Sprung: Da ist Anna! Anna kennt sie schon von der Schnitzeljagd durch die Schule.

Mit ihr hatte sie viel Spaß! Anna hat Mara auch entdeckt und strahlt sie an. Sie hat noch immer ihre Zahnlücke. Mara stellt sich dicht neben Anna.

Als Nächstes wird Hugo aufgerufen und kommt zu ihnen gerannt. Mara hat das Gefühl, dass Hugo sehr froh ist, dass sie schon vorne stehen. Mara entdeckt weitere Kinder, die sie kennt, und beobachtet neugierig die, die sie noch nie gesehen hat.

Schließlich stehen alle Kinder aus den ersten Klassen in Gruppen zusammen. Frau Stolten ruft: »Kommt mit, jetzt gehen wir in unser Klassenzimmer!«

Mara flüstert Anna ins Ohr: »Willst du neben mir sitzen?«

»Ja!«, flüstert Anna zurück.

Und da bemerkt Mara, dass der Kartoffelkloß nicht mehr in ihrem Bauch festsitzt. Auch ihr Herz schlägt wieder normal. Die Ameisen sind verschwunden. Kein wildes Gekrabbel mehr. Dafür hat Mara jetzt Hunger. Sie könnte einen riesigen Kloß verdrücken!

8

AUF INS KLASSENZIMMER!

Die Einschulungsfeier ist vorbei. Alle Kinder gehen zu den Klassen. Als Anna ins Klassenzimmer kommt, fällt ihr als Erstes die Blumenwiese auf, die auf eine Wand gemalt ist. Da wachsen Sonnenblumen, Mohn und Gänseblümchen. Eine Sonne mit lachendem Gesicht scheint auf die Wiese, und der Himmel leuchtet hellblau.

Das gefällt Anna. In ihrem Klassenzimmer ist das ganze Jahr über Sommer! Sie zieht Mara zu einem Tisch an zwei Sonnenblumen. Daneben steht ein Regal mit Fächern. Über jedem klebt ein Namensschildchen.

»So ein Regal hatten wir auch im Kindergarten«, flüstert Anna.

Mara nickt. »Wir auch!«, sagt sie. »Bestimmt bekommen alle ein Fach für ihre Sachen.«

Frau Stolten wartet am Lehrerpult, bis jedes Kind einen Platz gefunden hat. Als alle sitzen, sagt sie: »Ich möchte euch noch einmal in Ruhe begrüßen. Ich freue mich, dass ihr alle hier seid! Mein Name ist Frau Stolten, und ich bin eure Klassenlehrerin.« Sie macht eine Pause und schaut in die Klasse. »Ich bin 49 Jahre alt, und mein erster Schultag ist schon lange her. Aber ich weiß noch genau, wie ich mich damals gefühlt habe. Wie geht es *euch* an eurem ersten Schultag?«

Einige Kinder murmeln: »Gut.« Andere sagen nichts.

Frau Stolten lächelt. »Ich kannte keines der anderen Kinder, und ich fand ihre Schulranzen viel schöner als meinen. Der war nämlich ziemlich alt und verbeult, weil er vor mir schon meiner großen Schwester gehört hat. Aber vor allem erinnere ich mich daran, dass ich unheimlich aufgeregt war.«

Da fragt Mara plötzlich: »Hatten Sie auch Ameisen im Bauch?«

Frau Stolten überlegt und sagt dann: »Ja! So hat sich das wohl angefühlt. Hattest du heute Morgen Ameisen im Bauch?«

»Ja«, sagt Mara, »die haben so gekribbelt, dass ich gar nichts frühstücken konnte.«

»Kennt ihr anderen das auch?«, wendet sich Frau Stolten an die Klasse. »Wie habt ihr euch heute gefühlt?«

»Mir war ein bisschen schlecht«, sagt ein Mädchen hinter Anna und Mara.

»Mir nicht! Ich hab mich total gefreut auf heute!«, erzählt ein Junge. »Ich wollte, dass die Schule endlich losgeht!«

»In meinem Bauch fühlte es sich an, als würde ein Auto immer im Kreis herumfahren«, ruft ein anderer Junge von weiter hinten. »Aber jetzt ist es weg.«

Die Kinder erzählen von ihrem Morgen: Einige haben sich irgendwie anders gefühlt als sonst, anderen ging es wie immer.

Anna sagt: »Ich bin megafrüh aufgewacht.«

»Meinst du, das lag an der Aufregung?«, fragt Frau Stolten.

»Nein, ich bin einfach eine Frühaufsteherin«, sagt Anna. »Ich hab gedacht, ich kann vielleicht schon mal in meine Schultüte gucken. Aber das ging nicht, meine Mamas hatten sie gut versteckt.«

»Ich hoffe, ihr findet sie wieder«, sagt Frau Stolten.

»Oh ja! Auf dem Weg zur Schule haben wir sie geholt: Sie war im Kinderwagen von unseren Nachbarn.«

Jetzt möchte die Lehrerin alle Kinder kennenlernen. Sie gibt den Stoffleopard dem Kind, das ihr am nächsten sitzt, und fragt: »Wie heißt du?«

»Johanna«, sagt das Mädchen leise.

»Sprich bitte ein bisschen lauter«, sagt Frau Stolten freundlich, »dann können die anderen dich auch verstehen.«

»Johanna«, sagt Johanna etwas lauter.

Nun gibt Johanna den Leoparden einem anderen Kind und fragt es nach seinem Namen. Erst bekommt Elif den Leopar-

den, dann Sergej, danach Levi und Robert, dann kommt er zu Anna. Die gibt ihn einem Jungen am Nachbartisch, der Ben heißt. Schließlich erreicht das Klassentier Mara. Am liebsten würde sie den Leoparden an Anna weitergeben, aber die hatte ihn ja schon. Also muss sie vor der ganzen Klasse aufstehen und zu jemand anderem gehen. Sie sucht einen Jungen mit einer Brille aus. »Wie heißt du?«, fragt sie.

»Ali«, sagt er und nimmt ihr den Leoparden aus der Hand, denn sie hat vergessen, ihn abzugeben.

Mara geht schnell an ihren Platz zurück.

Am Ende sitzt der Leopard wieder bei Frau Stolten auf dem Arm. »Mal sehen, wie gut ich mir eure Namen gemerkt habe«, sagt sie. »Ich habe hier eure Bilder, die ihr nach der Schnitzeljagd von unserer Schule gemalt habt. Erinnert ihr euch?«

Anna lächelt, als sie an den lustigen Tag denkt, an dem sie Mara kennengelernt hat.

»Ich habe die Bilder in Folie eingeschweißt, damit ihr sie in Zukunft in der Frühstückspause als Platzdeckchen auf eure Tische legen könnt.« Frau Stolten geht zwischen den Tischen hindurch. Sie liest die Namen vor, die auf den Bildern stehen, und verteilt sie. Die Kinder lachen, als sie Karl und Theo und ein paar andere verwechselt.

Dann teilt Frau Stolten Schokoladenkekse aus. »Ich denke, ihr könnt eine kleine Stärkung vertragen«, sagt sie und gibt jedem Kind drei Kekse. Anna isst alle schnell auf, weil sie so einen Hunger hat und Schokokekse besonders gern mag.

»Jetzt haben wir uns schon ein bisschen kennengelernt«, sagt Frau Stolten, »nur einen Namen kennen wir noch nicht – welcher könnte das sein?« Keiner sagt etwas. Frau Stolten hebt den Arm, auf dem der Leopard sitzt.

»Der Löwe!«, ruft Luzie.

»Das ist ein Leopard«, verbessert sie die Lehrerin. »Er ist unser Klassentier. Er wird jeden Tag mit uns lernen und mit uns die Schule erkunden. Und du hast recht, Luzie: Wir wissen noch nicht, wie er heißt, denn er hat noch keinen Namen.«

Die Kinder der Leopardenklasse sollen selbst entscheiden, wie das Klassentier heißen wird. Sie rufen laut alle Namen durcheinander, die ihnen einfallen. Die Lehrerin hält sich die Ohren zu.

Als es wieder leise ist, fragt sie: »Hat jemand verstanden, was die anderen gesagt haben?«

Die Kinder schütteln die Köpfe.

»Ich auch nicht. Wenn alle durcheinanderbrüllen, versteht man nichts«, erklärt Frau Stolten. »Wenn man also in der Schule etwas sagen möchte, muss man sich melden. Das geht so!« Sie hält den Arm mit dem ausgestreckten Zeigefinger senkrecht nach oben. »So sehe ich, dass ihr etwas sagen möchtet oder eine Antwort wisst. Und wenn ich euch dann aufrufe, seid ihr dran und dürft antworten.«

Jetzt recken sich viele Arme in die Höhe, denn jedes Kind möchte einen Namen vorschlagen: Leo, Mieze, Pardi, Flecki, Ottokar. Anna fällt »Leopardine« ein. Die Mehrheit stimmt für Leo.

»Mit Leo hat auch die Hausaufgabe für morgen zu tun«, sagt Frau Stolten. Sie gibt jedem Kind ein Blatt Papier, auf dem ein Leopard abgebildet ist. Den sollen sie farbig anmalen.

Und dann ist die erste Schulstunde für Anna und die anderen Kinder der Leopardenklasse zu Ende. Als die Schulglocke läutet, rennen sie auf den Schulhof, wo die Eltern warten.

Schnell finden Annas Augen ihre Mamas. Sie winken. Anna rennt zu ihnen, und bevor sie

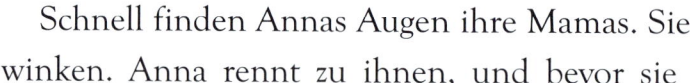

etwas sagen können, sprudelt es schon aus ihr heraus: »Wir haben Schokokekse gegessen! Und es gibt ein Klassentier! Wir haben es Leo genannt. Und wir haben auch schon Hausaufgaben ...«

Da zieht jemand Anna am Ärmel. Es ist Mara. Neben ihr stehen Luzie und Mert aus ihrer Klasse. »Wir wollen noch auf den Spielplatz. Kommst du mit?«

Das muss man Anna nicht zweimal fragen. Sie schaut ihre Mamas an: »Darf ich?«

»Na klar!«, sagt eine der beiden. »Die Hausaufgaben kannst du später erledigen.«

Und schon rennen die vier zu den Klettergerüsten.

9

DER ZWEITE SCHULTAG

Hugo steht in einem langen Flur zwischen den Klassenräumen. Suchend blickt er in die eine, dann in die andere Richtung. Wo sind noch mal die Klos? Aus der Klassenzimmertür rechts raus, dann den langen Gang entlang. Da, wo die vielen bunten
Bilder hängen, muss er abbiegen in den nächsten Gang. So hat er sich das gemerkt, als er gestern nach der ersten Schulstunde ganz dringend musste. Doch da war Papa dabei, und der kannte den Weg. Nun fällt Hugo auf, dass an fast allen Wänden in der Schule bunte Bilder hängen. Und überall zweigen Gänge ab. Jetzt ist er im ersten Stock gelandet. Gibt es hier auch Klos?

Hugo ärgert sich. Er war so stolz, dass er heute als Erster im Klassenzimmer war! Und dann wollte er nur noch kurz aufs Klo ... Kommt er deshalb am zweiten Schultag zu spät?

Er hastet die Treppe wieder hinunter und weiter geradeaus.
Noch mehr bunte Bilder an den Wänden. Und Haken, an
denen Jacken und Turnbeutel hängen. Es sieht überall gleich
aus! Mit einem Mal steht er vor zwei knallroten Türen. Auf
die eine ist ein Mädchen auf einem Skateboard gemalt, auf die
andere ein Junge auf Inlineskates. Das sind die Türen zu den
Schulklos! *Die* hat Hugo gesucht.

Jetzt aber Beeilung! Er muss fix zurück ins Klassenzimmer. Aber wie soll er das bloß wiederfinden? Am Waschbecken steht ein großer Junge und wäscht sich die Hände. Der ist bestimmt schon in der vierten Klasse.

»Weißt du, wie ich zu meinem Klassenzimmer komme?«, fragt Hugo ihn.

»In welcher Klasse bist du?«, will der Junge wissen.

»In der Leopardenklasse«, sagt Hugo.

»Das ist die Tür mit den Leoparden drauf«, sagt der Junge. »Ich weiß, wo die ist. Komm mit.« Er führt Hugo den Gang wieder zurück, dann biegen sie um eine Ecke.

»Wer ist deine Klassenlehrerin?«, fragt der Junge.

»Frau Stolten«, sagt Hugo.

»Kenn ich, die hatte ich mal in Sport. Die ist nett.«

Sie gehen an einer gelben Tür vorbei, die offen ist. Dahinter steht ein Schreibtisch mit einem Werkzeugkasten darauf. Durch ein Fenster erkennt man den Schulhof.

»Falls du mal den Hausmeister suchst: Das ist sein Büro«, erklärt der Junge. »In der Pause verteilt er immer Äpfel und Bananen und so was. Und für die Kinder, die ihm helfen, die Kisten zu tragen, gibt's Schokolade als Dankeschön. Wenn du also mal was Süßes willst, musst du nur mit anpacken.«

Er geht mit Hugo den Flur entlang und deutet dann geradeaus. »Da vorne ist dein Klassenzimmer. Siehst du? Die Leopardentür!«

Hugo ist erleichtert. »Danke! Das war echt nett.«

»Klar doch! Tschüss!«, ruft der Junge und rennt in die andere Richtung davon.

Hugo betritt das Klassenzimmer. Der Unterricht hat schon angefangen.

Alle schauen ihn an, und das ist Hugo irgendwie unangenehm. Am liebsten würde er sich einfach auf seinen Platz setzen.

Aber Frau Stolten blickt ihn fragend an. »Hallo, Hugo! Wo warst du denn?«

»Eigentlich war ich heute der Erste im Klassenzimmer«, sagt er leise. »Und dann wollte ich nur noch kurz aufs Klo ...«

»Hast du den Weg nicht gefunden?«

Hugo nickt.

In der ersten Reihe sitzt Robert. Er hat gehört, was Hugo gesagt hat. Laut ruft er in die Klasse: »He! Der findet den Weg zum Klo nicht! Das ist doch babyleicht!« Robert lacht, aber es ist kein freundliches Lachen.

Hugo ballt die Hände zu Fäusten und wünscht sich, Robert würde aufhören. Frau Stolten legt ihm eine Hand auf die Schulter. »Das kann passieren, wenn man irgendwo neu ist und sich nicht auskennt. Kennt ihr anderen etwa schon alles hier in der Schule? Den kürzesten Weg in die Turnhalle? Oder zur Schulbücherei?«

Fast alle schütteln die Köpfe. Robert lacht immer noch und prahlt: »Kenn ich alles schon! Ich weiß sogar, wo der Schuppen mit den Schaufeln und Fußbällen für die Pause ist!«

Frau Stolten sieht ihn ernst an. »Robert, wenn du etwas sagen möchtest, dann melde dich bitte.« Dann fügt sie hinzu: »Du warst schon oft hier, weil deine älteren Brüder auch in diese Schule gehen. Ich freue mich, dass du dich auf dem Schulgelände auskennst. So kannst du den Kindern, die neu sind, helfen und alles zeigen.«

Frau Stolten wendet sich nun an die ganze Klasse. »Damit alle sich in der Schule gut zurechtfinden, machen wir heute eine Schulbesichtigung«, sagt sie.

Die Kinder sollen sich immer zu zweit aufstellen. Hugo kommt neben Karl und ist froh, dass Robert weiter hinten ist.

Als Erstes zeigt Frau Stolten der Leopardenklasse den kürzesten Weg zu den Schulklos. Sie gehen den Weg gemeinsam. An der Delfinklasse biegen sie nach rechts ab. »Da vorne seht ihr die nächste Tür – die gehört zum Werkraum, deshalb ist ein Bild von einem Werkzeugkasten drauf. Nach dem Werkraum gehen wir noch mal rechts, vorbei an der Treppe in den ersten Stock und immer weiter geradeaus ...«

Sie bleiben vor zwei roten Türen stehen.

Mert meldet sich. »Warum ist da denn ein Junge auf Inlinern drauf? Und ein Mädchen auf einem Skateboard?«, fragt er.

»Weil's cool aussieht!«, ruft Robert dazwischen.

»Nein«, sagt Frau Stolten. »Weil die beiden schnell wieder zurück in ihr Klassenzimmer flitzen. Und du, Robert, kannst gerne bei mir an der Hand laufen, wenn du dich nicht meldest.«

Das möchte Robert lieber nicht, und senkt den Kopf.

Sie gehen den Weg wieder zurück. Als sie an einer gelben Tür vorbeikommen, hält Frau Stolten an.

»Wer von euch weiß, wo man hier hinkommt?«

Hugos Zeigefinger schnellt in die Höhe.

Frau Stolten lächelt. »Ja, Hugo?«

»Dahinter ist das Büro vom Hausmeister. Da gibt es in der großen Pause Äpfel und Bananen.«

»Richtig«, sagt Frau Stolten.

Karl flüstert Hugo zu: »Du kennst dich aber gut aus.«

Hugo ist stolz und findet, dass sich das gut anfühlt.

Frau Stolten erklärt den Kindern: »Unser Hausmeister teilt in der Pause Obst und Gemüse aus. Das schmeckt sehr lecker.«

»Obst? Igitt!«, ruft Robert laut. »Gemüse? Igitt!« Er macht Würgegeräusche.

Für den Rest der Besichtigungstour muss er bei Frau Stolten an der Hand bleiben.

Hugo merkt sich den Weg zur gelben Tür. In der großen Pause rennt er so schnell er kann zum Hausmeister und hilft ihm, die Kisten mit den Äpfeln und Gurken zu tragen. Heute sind auch Wassermelonen dabei, die sind ziemlich schwer. Der Junge von heute Morgen ist auch da und packt mit an.

»Aber jetzt hast du dich nicht verlaufen, oder?«, fragt er grinsend.

Hugo grinst zurück. »Nee, jetzt nicht.«

Der Hausmeister Herr Godewind freut sich über ihre Hilfe. Als sie fertig sind, gibt er jedem ein Stück Wassermelone – und ein Stück Schokolade.

10

DAS FLIEGENDE „R"

Wenn die Leopardenklasse Wörtersuche spielt, ist Amira richtig gut. Alle sitzen im Stuhlkreis und suchen Wörter mit »R«. Amira fällt sofort »Regen« ein. Und: »Rabe«. Und natürlich ihre Lieblingsfarbe: »Rot«. Sergej meldet sich mit »Ring« und Johanna mit »Rad«. »Robert«, sagt Robert, denn auch sein Name beginnt mit »R«. Frau Stolten zeigt ihnen, wie das »R« aussieht. Sie schreiben mit den Zeigefingern »R« in Luft.

»Jetzt steht bitte auf und dreht euch alle so weit nach links, bis ihr auf den Rücken des Kindes neben euch schaut.«

Theo und Hugo kichern, weil Hugo sich in die falsche Richtung gedreht hat und sich ihre Nasen berühren. Schnell dreht er sich weiter. Alle schreiben »R« auf den Rücken vor sich.

Dann setzen sie sich wieder an die Tische. Frau Stolten teilt jedem Kind ein Blatt Papier aus, »Arbeitsblatt« sagt sie dazu. Darauf sind viele Linien. Am Anfang und am Ende jeder Linie steht der Buchstabe »R«. Den sollen sie so oft wie möglich hintereinander abschreiben.

Vorher zeigt Frau Stolten an der Tafel noch einmal, wie das »R« geht: Zuerst macht man einen langen Strich bis runter auf die Linie, dann bekommt der einen Bauch von oben bis zur Mitte, und dann muss man noch einen kurzen schrägen Strich von der Mitte bis auf die Linie ziehen.

Klingt gar nicht so schwer, und Amira beeilt sich, denn sie will in der Pause die Erste auf der Schaukel sein. Doch Amiras »R« machen, was sie wollen und nicht, was Amira will! Sie sehen überhaupt nicht so aus wie die, die Frau Stolten an die Tafel geschrieben hat. Sie sind schief, und die Bäuche sind gar nicht richtig rund. Am schlimmsten findet Amira aber, dass ihre »R« fliegen wollen: Die ersten zwei stehen noch auf der Linie, aber alle anderen heben einfach ab! Jetzt schweben ihre schiefen »R« zwischen den Linien herum.

Amira schaut auf das Arbeitsblatt. Am liebsten würde sie es in den Mülleimer schmeißen! Aber da hat Frau Stolten sicher etwas gegen.

Jetzt guckt Frau Stolten auf Amiras Arbeitsblatt. Sie sagt, dass Amira das »R« weiter üben soll. »Dann kannst du es bald richtig gut.« Zu den anderen Kindern am Tisch sagt sie das nicht. Bei Ali und Mara, die neben ihr sitzen, stehen alle »R« brav auf den Linien. Das hat Amira gesehen. Sie will das »R« nicht üben, sie will es können!

Am Nachmittag holt Papa sie ab. »Na, wie war dein Tag?«, fragt er, als sie sich vor dem Schultor treffen.

»Im ›Wildpark‹ haben wir Fangen gespielt – alle aus der Eulengruppe. Ich bin als Letzte gefangen worden!«, sagt Amira.

Sie geht gerne in die Nachmittagsbetreuung, weil im »Wildpark« immer was los ist. »Danach haben wir Papierflieger gebastelt.«

»Und wie war es in der Schule?«, will Papa wissen.

»Gut!«, sagt Amira nur.

Sonst erzählt sie genau, was sie im Unterricht gemacht haben. Aber gerade will sie nicht über die Schule sprechen.

Leider merkt Papa das nicht. »Wie läuft es mit dem Schreiben?« Papa weiß, dass Amira schnell schreiben lernen will, damit sie endlich all die Geschichten aufschreiben kann, die sie sich so gerne ausdenkt. Wie eine echte Autorin!

Amira denkt an ihre »R« und an die der anderen Kinder. »Die anderen können schon viel besser schreiben als ich«, sagt sie. »Ich krieg das einfach nicht so gut hin.«

»Warum denkst du das?«, fragt Papa.

Also erzählt Amira von den fliegenden »R« und dass Frau Stolten gesagt hat, sie solle das »R« noch üben.

Papa klopft ihr auf die Schulter. »Das schaffst du schon! Du setzt dich zu Hause an den Schreibtisch und übst. Und morgen werden deine Buchstaben sicher alle ordentlich nebeneinander auf der Linie stehen wie Bücher im Regal.« Dabei stellt er sich kerzengerade und steif hin, streckt die Arme nach unten und drückt sie eng an den Körper.

Amira ärgert sich. Papa will sich wohl über sie lustig machen!

»Ich mach das aber nicht!«, zischt sie und verschränkt die Arme vor der Brust.

Papa schaut sie aufmunternd an. »Das Schreiben muss man üben und üben. Irgendwann schreibst du Geschichten und Bücher und Briefe und kannst dir gar nicht mehr vorstellen, dass du mal nicht schreiben konntest.«

Am liebsten würde Amira sich die Ohren zuhalten, um Papa nicht mehr hören zu müssen. Er hat gut reden – *er* kann ja schreiben! Genau das macht sie jetzt richtig wütend.

»Ich übe das aber nicht! Zu Hause werfe ich die Schulsachen in den Müll!«, ruft sie.

Papa sagt nichts.

Zu Hause angekommen geht Amira in ihr Zimmer. *Wehe, wenn jetzt jemand reinkommt!*, denkt sie. *Lasst mich bloß alle in Ruhe!* Sie malt einen schwarzen Totenkopf auf ein Blatt, darunter schreibt sie: RAUS

Sie konzentriert sich sehr, damit jeder das Schild gut lesen kann. Weder das »R« noch die anderen Buchstaben fliegen herum. Alle stehen kerzengerade nebeneinander. Amira schreibt ganz oft »RAUS« unter den Totenkopf, und als kein Platz mehr ist, klebt sie den Zettel von außen an die Zimmertür. Dann setzt sie sich an den Schreibtisch und malt ein Bild. Es zeigt das Meer, den Strand und viele Leute, die Ball spielen und Eis essen.

Später hört sie Schritte zur Tür kommen und ruft laut: »Komm ja nicht rein!«

»Nein, ich kann doch lesen!«, sagt Papa vor der Tür. »Ich bleibe lieber hier draußen und schaue mir die fliegenden Buchstaben an!« Eine kurze Pause, dann ruft er: »Wow! Die fliegen aber tief heute! Da kommt noch einer!« Jetzt klingt Papa richtig erschrocken. »Die Buchstaben greifen mich an! Das fliegende ›R‹ kommt direkt auf mich zu! Es hat messerscharfe Zähne! Gleich verschlingt es mich! Amira! Hilfe! Lass mich rein!«

Papa ist echt ein Quatschmacher! Amira will eigentlich gar nicht lachen, muss aber doch grinsen. Sie öffnet die Tür. Draußen ist es friedlich.

»Hier fliegen ja gar keine Buchstaben herum«, sagt Amira und ist fast ein bisschen enttäuscht. Das wäre eigentlich ziemlich komisch gewesen!

»Stimmt!«, sagt Papa. »Ich habe dein Schild gelesen, und deine Buchstaben sehen doch super aus!«

»Ja, aber eben nicht, wenn ich sie in der Schule schreibe«, mault Amira.

Papa nimmt sie in den Arm. »Ich finde es viel wichtiger, dass du es kannst! Und wenn das Schreiben zu Hause klappt, klappt es in der Schule bald auch.«

Dann wollen sie einkaufen gehen. Amira betrachtet den Einkaufszettel auf dem Küchentisch. »Da fehlt noch etwas«, sagt sie. Sie nimmt einen Stift aus der Schublade und schreibt etwas unter die anderen Sachen. Kichernd gibt sie ihn Papa.

»Üben macht echt Spaß!«, sagt sie.

In großen Buchstaben steht jetzt unübersehbar auf dem Einkaufszettel:

EIS

11

ZWEI GEGEN EINE

Ein paar Kinder der Leopardenklasse wollen nach der Schule auf dem Spielplatz »Blitzklettern« spielen. »Du darfst heute nicht so lahm sein«, sagt Charlotte zu Mara. »Sonst verlieren wir wieder.«

Mara wird rot im Gesicht. »Jeder wird mal gefangen«, sagt sie leise.

»Aber *du* andauernd!«, sagt Charlotte.

Mara findet, dass das nicht stimmt. Aber sie traut sich nicht, das zu sagen. Sie will lieber schnell anfangen.

Blitzklettern wird auf dem Klettergerüst mit den Seilen gespielt. Auf dem muss man blitzschnell herumklettern. Dafür braucht man zwei Teams, und eines fängt. Wenn man gefangen wird, darf man erst weiterspielen, wenn einem jemand auf die Schulter klopft.

Elif und Linus wollen in einem Team sein. Das sind sie immer. Mara will sich schon neben Charlotte stellen, da sagt Charlotte: »Ich nehme Johanna. Sonst habe ich ja gar keine Chance.«

Jetzt ist Mara als Letzte übrig. Eigentlich hatte sie gedacht, dass Charlotte sie zu sich holt. Im Kindergarten waren sie beste Freundinnen und immer zusammen in einem Team. Mara schluckt. »Und bei wem bin ich jetzt?«

Johanna stellt sich noch ein Stück näher neben Charlotte. »Du kannst zu Linus und Elif gehen«, meint sie. »Charlotte und ich schaffen das alleine.«

»Guck mal«, sagt Charlotte zu Johanna, »wir haben heute beide ein gelbes T-Shirt an. Wir gehören zusammen!« Sie legt den Arm um Johannas Schultern. Mara stellt sich zu Linus und Elif. *Warum macht Charlotte das bloß?*, fragt sie sich. Sie wünscht sich, Anna wäre hier. Anna ist nett und hätte ihr sicher geholfen. Aber Anna ist heute krank.

Sie fangen an zu spielen. Charlotte und Johanna klettern sofort hinter Mara her. Charlotte kommt von unten und Johanna von der Seite. Mara kann nicht mehr ausweichen, denn das Klettergerüst ist zu Ende. Sie wird gefangen.

»Zwei gegen Eine ist unfair!«, ruft Mara. Charlotte und Johanna kichern nur. Mara spürt wie ihr die Tränen in die

Augen schießen. Aber sie blinzelt sie weg. Wenn sie jetzt weint, lachen Charlotte und Johanna sie sicher aus.

Den Weg nach Hause gehen Charlotte und Mara immer zusammen. Heute ist Johanna dabei.

»Wollen wir alle zusammen mit dem Wasserschlauch im Garten spritzen?«, fragt Mara. »Es ist so warm heute.«

»Keine Lust«, sagt Charlotte. »Johanna kommt mit zu mir. Ich glaube, wir bleiben drinnen.«

»Vielleicht gucken wir einen Film«, sagt Johanna.

Mara sieht Charlotte an. »Du darfst nachmittags keine Filme gucken. Das erlauben deine Eltern nicht!«

»Na und?«, ruft Charlotte. »Die arbeiten, das merken die gar nicht.« Einen Film würde Mara natürlich gerne mitgucken, aber die beiden laden sie nicht ein.

Als sie in der Straße sind, in der sie wohnen, geht Charlotte mit Johanna einfach weiter. Sonst ruft sie Mara zum Abschied immer zu: »Tschüssi-Küssi!« Heute sagt sie nichts.

Mara ist zu Hause und klingelt. Als ihre Mutter die Tür aufmacht, fängt sie an zu weinen.

»Was ist los?« Mama nimmt Mara in den Arm, und die beginnt vom Blitzklettern zu erzählen. Am Ende fragt sie: »Kannst du nicht zu Charlotte gehen und mit ihr reden?«

Mama schüttelt den Kopf. »Das musst du selbst mir ihr klären. Ihr seid doch Freundinnen.«

»Charlotte ist nicht mehr meine Freundin«, sagt Mara und schnieft.

»Ich finde, du solltest mit ihr reden. Sie muss doch wissen, wie es dir geht, wenn sie so etwas zu dir sagt«, sagt Mama.

Mara blickt traurig auf den Boden. »Im Kindergarten war Charlotte meine beste Freundin. Warum ist sie jetzt so gemein zu mir?«

Mama legt den Arm um Mara. »Das erfährst du nur, wenn du mit ihr sprichst. Solche Probleme kann man nur lösen, wenn man darüber redet, was einen ärgert oder traurig macht.«

Mara schiebt Mamas Arm weg. »Mit der rede ich nie wieder! Ich habe gar keine Lust mehr auf Charlotte! Zum Glück habe ich Anna!« Sie schmeißt den Ranzen auf den Boden und geht in ihr Zimmer.

Am nächsten Morgen holt Mara Charlotte nicht wie sonst zur Schule ab. In der großen Pause geht sie ohne ein Wort an Charlotte vorbei und spielt mit Anna, die wieder gesund ist. Mit Charlotte will sie nicht reden! Nie mehr! Nach der Nachmittagsbetreuung wartet sie nicht auf Charlotte, sondern geht alleine nach Hause. Am Zebrastreifen hört sie hinter sich Charlottes Stimme. »Mara, warte!«

Charlotte rennt hinter ihr her und winkt.

»Ich rede nicht mit dir«, sagt Mara kurz angebunden, als Charlotte bei ihr ankommt.

»Wieso denn?«, fragt Charlotte keuchend.

Sie scheint sich gar nicht an gestern zu erinnern! Da platzt es aus Mara heraus: »Du warst voll gemein zu mir gestern beim Blitzklettern! Du hast gesagt, dass ich lahm bin und du mit mir nicht gewinnen kannst. Solche Sachen sagt man nicht zu seiner Freundin.«

Da schaut Charlotte ihr direkt in die Augen. »Aber Anna ist doch jetzt deine Freundin«, sagt sie. »Wenn sie da ist, redest du ganz viel mit ihr.«

»Stimmt!«, zischt Mara. »Weil sie viel netter ist als du!«

Jetzt schießen Charlotte die Tränen in die Augen. Sie wischt sie schnell weg, aber es kommen immer neue.

Mara sieht es und findet, dass Charlotte das ganz recht geschieht. Schweigend gehen sie ein Stück, und Charlotte weint weiter.

Auf einmal tut sie Mara leid.

»Ich mag Anna, obwohl ich sie noch nicht so lange kenne«, sagt Mara. »Und dich mag ich eigentlich auch. Also, wenn du nicht gemein zu mir bist.«

»Aber du kannst doch nicht mit mir und mit Anna befreundet sein!«, sagt Charlotte.

»Kann ich wohl!«, sagt Mara. »Warum denn nicht?«

»Aber wer ist deine beste Freundin?«

»Ist doch egal!«, ruft Mara. »Mit Anna male ich gerne, und sie erzählt tolle Geschichten. Mit dir spiele ich gerne. Ich mag euch eben beide!« Sie gehen nebeneinanderher.

»Johanna und ich haben keinen Film geguckt gestern«, sagt Charlotte. »Wir waren im Garten und haben uns im Planschbecken abgekühlt.«

Mara sagt nichts. Charlotte zieht die Nase hoch.

»Komm doch mit beim nächsten Mal! Vielleicht hat Anna ja auch Lust. Zu viert macht es bestimmt noch mehr Spaß.«

Da lächelt Mara. »Wollen wir morgen wieder zusammen zur Schule gehen?«, fragt sie.

Charlotte nickt. »Tut mir leid, dass ich gesagt hab, dass du lahm bist. Bist du ja gar nicht.«

»Schon okay«, sagt Mara und rennt plötzlich los. »Wer zuerst an unserem Haus ist!«

Charlotte rennt hinter Mara her, und die Ranzen hüpfen auf ihren Rücken. Mara streckt die Hand aus, und Charlotte hält sie fest. Mara zieht Charlotte mit Schwung nach vorne, sodass sie nun vor ihr läuft. Dann zieht Charlotte an Maras Hand, sodass Mara vorwärtsschießt. Das macht Spaß! Als sie außer Atem an Maras Haus ankommen, achtet keine darauf, wer die Erste war.

Mara klingelt, und Charlotte geht weiter. An der Hecke dreht sie sich noch einmal um, winkt Mara zu und ruft: »Tschüssi-Küssi!«

»Bis morgen!«, ruft Mara und winkt zurück.

12

HAUSAUFGABENUNRUHE IM „WILDPARK"

Linus sitzt im »Wildpark« im Gruppenraum der »Eulen« am Tisch. Nach dem Mittagessen ist Aufgabenzeit. Jetzt erledigen die Kinder, die in die Nachmittagsbetreuung gehen, die Hausaufgaben. Nach der Aufgabenzeit wird gespielt, gebastelt und getobt.

Linus starrt auf die Hausaufgaben in Mathe. In seinem Arbeitsheft ist ein Bild von einem Korb mit sehr vielen Äpfeln drin. Um fünf davon soll er einen Kreis malen. Linus fängt im Kopf an die Äpfel abzuzählen: »Eins, zwei, drei ...«

Da fragt Karl laut: »Darf ich aufs Klo?«

Sofort vergisst Linus, bei welchem Apfel und welcher Zahl er war. Drei? Oder vier? Er muss von vorne anfangen. Damit er nicht abgelenkt wird, zieht er die Kapuze seines Pullis über den Kopf und zählt noch einmal. Trotzdem hört er, wie Theo seine Stifte spitzt. Verwirrt blickt er auf die Äpfel: Sie sehen alle gleich aus. Hat er den da schon gezählt oder nicht?

Linus steckt die Finger in die Ohren und beginnt erneut. Als er bei »vier« ist, fangen Luzie und Amira an, miteinander zu flüstern. Linus kann es nicht verhindern: Seine Ohren hören Luzie und Amira zu, und sein Kopf vergisst, wie viele Äpfel er gezählt hatte. Er muss schon wieder neu anfangen!

Als die Aufgabenzeit zu Ende ist, packen alle die Schulsachen zusammen.

»Bist du fertig mit den Aufgaben?«, fragt Tabea und schließt den Ranzen.

Linus klappt das Mathearbeitsheft mit einem Knall zu. »Nee, hab nur drei geschafft.«

»Ich nur zwei«, sagt Tabea.

»Frau Stolten hat aber gesagt, dass wir alle Matheaufgaben bis morgen fertig haben müssen«, sagt Linus.

»Das schaff ich nie!«, ruft Tabea empört.

Missmutig stopft Linus sein Heft in den Ranzen. »Es ist so laut hier! Wie soll man da Mathe machen? Ich musste die Auf-

gaben gestern schon zu Hause machen und heute wieder! Das ist blöd!«

»Aber wir wollten uns doch heute nach dem ›Wildpark‹ treffen und die Angeln fertig bauen!«, sagt Tabea.

Linus zuckt mit den Schultern. »Ich darf erst zu dir, wenn ich die Aufgaben fertig habe. Ist 'ne Regel bei uns zu Hause.«

Tabea stöhnt. »Dann beeil dich!«

Der nächste Tag ist ein Freitag, und freitags ist in der Eulengruppe »Kinderkonferenz«. Die Kinder haben die Tische zu einem großen Tisch zusammengeschoben, an den sie sich nun alle setzen.

Die Betreuerin Laura hat zwischen ihnen Platz genommen. »In der Kinderkonferenz sprechen wir über alles, was euch in der Eulengruppe beschäftigt«, erklärt sie. »Wenn ihr euch zum Beispiel wünscht, dass wir mal wieder zum Toben in die Turnhalle gehen. Oder wenn ihr ein Problem habt oder euch etwas traurig macht. Wir suchen dann gemeinsam eine Lösung.«

Linus meldet sich.

»Ich will was zur Aufgabenzeit sagen. Es ist immer so laut! Ich kann keine Hausaufgaben machen, wenn es so laut ist. Deshalb muss ich sie fast immer zu Hause erledigen. Das ist doof, weil ich da lieber spielen will.«

Tabea meldet sich ebenfalls.

»Ja, er muss dauernd zu Hause nacharbeiten. Deshalb haben wir unsere Angeln wieder nicht fertig gebaut. Ich habe gestern nur zwei Aufgaben geschafft.«

Laura blickt die Eulengruppe an. »Wie läuft es bei euch anderen in der Aufgabenzeit?«

Amiras Arm schnellt in die Höhe. »Ich find's auch total laut.«

Levi meldet sich. »Ich schaff die Hausaufgaben auch nicht. Wenn alle quatschen, kann ich mich nicht konzentrieren. Dann muss ich die Aufgaben zu Hause machen und komm zu spät zum Training.«

Alis und Bens Zeigefinger gehen zur gleichen Zeit hoch. »Ich find's nicht laut. Und meistens schaffe ich die Aufgaben alle«, ruft Ali. Und Ben sagt: »Ist doch gut, dass wir hier zusammen Hausaufgaben machen und ich nicht alleine davorsitze.«

Johanna, Hugo und Charlotte melden sich ebenfalls, weil es ihnen in der Aufgabenzeit zu laut ist. Linus hätte nicht gedacht, dass es so vielen geht wie ihm.

»Gut, dass du das Thema angesprochen hast, Linus«, sagt Laura. »Wie schaffen wir es, dass es in der Aufgabenzeit leise bleibt? Wer hat eine Idee?«

Keiner meldet sich.

»Was genau stört euch denn?«, fragt Laura.

»Wenn zwei sich unterhalten!«, sagt Linus. »Das stört total. Auch, wenn sie nur flüstern.«

»Oder wenn die Stifte gespitzt werden«, ruft Johanna.

»Wenn jemand aufs Klo geht«, meldet sich Levi.

Aber wie lassen sich diese Geräusche abstellen? Kofi hat einen Einfall. »Alle gehen vor der Aufgabenzeit noch mal aufs Klo. Dann muss keiner mehr aufstehen.«

»Und wenn ich dann doch noch mal muss?«, fragt Ben.

»Dann kann man auch mal einhalten«, meint Tabea.

Das findet Ben manchmal ziemlich schwer.

Charlotte fällt ein: »Stifte spitzen muss nicht sein. Frau Stolten sagt, dass wir das zu Hause machen sollen.«

»Aber wenn einer abbricht?«, will Kofi wissen.

»Den darf man anspitzen, wenn man ihn braucht«, sagt Charlotte. »Aber eben nicht einfach nur so zum Zeitvertrödeln.«

Und Unterhaltungen? Die sind das schwierigste Thema.

Linus sagt zu Laura: »Wenn du an den Tisch kommst und jemandem eine Aufgabe erklärst, stört das auch. Da *muss* ich dann hinhören, auch, wenn ich die Erklärung nicht brauche.«

Laura versteht das. »Ich kann die Aufgabe ja in der Leseecke erklären.« Sie deutet auf die zwei Sofas und den Tisch im hinteren Teil des Gruppenraums. Dort liest sie sonst Geschichten vor. »Das ist dann die Erklärecke. Wenn wir da den Vorhang vorziehen und leise sprechen, hört man hier nicht viel davon.«

»Und wenn ich Mara unbedingt was sagen muss?«, fragt Anna. »Ich flüstere nur, und es dauert gar nicht lange.«

»Ich muss oft lachen, weil Luzie Grimassen schneidet«, sagt Theo.

»Das lenkt alles von den Aufgaben ab«, sagt Linus.

»Macht aber Spaß«, sagt Luzie.

Linus überlegt. »Wir könnten es doch so machen wie bei Frau Stolten.«

Wer bei der Klassenlehrerin während des Unterrichts leise ist, darf freitags früher in die Pause. Diese Belohnung findet Linus toll. In der Pause sind die Schaukeln immer voll. Wenn er früher in die Pause darf, ist er der Erste bei den Schaukeln und erwischt immer eine freie.

Das ist die Lösung! »Wir brauchen eine super Belohnung! Damit sich alle richtig anstrengen, leise zu sein«, ruft Linus.

Sie finden jedoch nichts, was allen gefällt. »Was haltet ihr davon, wenn ich Bella mitbringe?«, schlägt Laura schließlich vor. »Und ihr kümmert euch um sie, geht mit ihr Gassi und spielt mit ihr.« Bella ist Lauras Hund. Sie hat hellbraunes Fell, bellt so gut wie nie und ist der liebste Hund der Welt. Das findet auch Linus, obwohl er vor vielen Hunden Angst hat.

Sie stimmen ab, und alle sind einverstanden.

In der darauffolgenden Woche ist es bei den Eulen in der Aufgabenzeit so leise wie noch nie. Als Charlotte ein Stift abbricht, leiht Linus ihr seinen. Nur einmal fängt Luzie an, Grimassen zu schneiden. Da gucken die anderen am Tisch sie so streng an, dass sie sofort aufhört. Als Ben wirklich dringend muss, sagt er gar nichts, sondern hält ein Schild hoch, das sie gebastelt haben. Darauf steht der Buchstabe »T« für »Toilette«. Laura sieht es und winkt – und Ben huscht nach draußen.

Es ist so leise in der Aufgabenzeit, dass Linus jeden Tag die Aufgaben schafft. Tabea und viele andere auch.

Ein Tag vor Freitag ist Donnerstag. Als am Donnerstag wieder eine sehr ruhige Aufgabenzeit zu Ende geht, sagt Laura: »Ihr habt es geschafft. Wir sehen uns morgen mit Bella. Sie freut sich schon auf euch!«

Da wird es doch laut, denn jetzt jubeln alle Eulen.

13

PFERDE AUF DEM SCHULWEG

Heute ist Anna schlecht gelaunt. Missmutig schaut sie ihre Socken an. »Montag« steht darauf, das kann sie schon lesen.

»Mamaaaa«, sagt sie gar nicht so laut wie sonst. »Ich habe heute keine Lust auf Schule.«

Mama hat schon die Schuhe an und zieht gerade ihre Jacke über. »Warum denn nicht?«, fragt sie.

Anna denkt an die Nachmittagsbetreuung »Wildpark«, die nach der Schule beginnt. Darauf freut sie sich jeden Tag. Aber bis es so weit ist, hat sie noch fünf Stunden Unterricht.

»Ich bin so müde. Und bis zum ›Wildpark‹ dauert es noch so lange.« Sie setzt sich auf den Boden.

Mama setzt sich zu Anna und legt ihr den Arm um die Schultern. Aber das will Anna nicht. Sie will heute mal zu Hause bleiben – das muss Mama doch verstehen!

Mama schaut jetzt auf die Uhr. »Oh, so spät schon?« An der Frage hört Anna, dass Mama losgehen möchte.

Anna steckt trotzdem eine Hand in die linke Montagssocke und bewegt die Finger. Es sieht aus, als reiße die Socke das Maul auf. Mama wird ungeduldig.

»Nun komm doch bitte!«, sagt sie. »Ich muss ins Büro.«

Also zieht Anna die Montagssocken an und die Schuhe auch.

Auf dem Weg die Treppen runter hängt der Schulranzen schwer an ihren Schultern. Es kommt ihr vor, als drücke er sie nach unten. Und die Füße wollen sich gar nicht richtig voreinandersetzen.

Vor dem Haus treffen sie Sophie. »Hallo, Anna!«, ruft sie fröhlich im Vorbeigehen. Sophie ist in ihrer Klasse und immer gut gelaunt. Zu ihr sagt die Lehrerin nie, dass sie die Füße stillhalten soll.

»Hallo«, murmelt Anna lahm. Gerade kann sie Sophie nicht leiden.

An der Ampel steht Kofi. Wenn sie in der Schule Zombie-ball spielen, ist er kaum zu treffen, weil er so schnell und wendig ist. Aber jetzt scheint er festgewachsen zu sein. Die Ampel springt auf Grün, Kofi bleibt stehen. Anna stellt sich neben ihn. Die Ampel wird wieder rot. Kofi und Anna schauen sich kurz an, sagen aber nichts.

»Geht ihr beide nicht in die gleiche Klasse?«, fragt Mama.

Natürlich, denkt Anna genervt und will gar nicht antworten. Da wird die Ampel wieder grün. Jetzt gehen sie gemeinsam über die Straße, Mama, Anna und Kofi.

»Bist du auch noch müde?«, fragt Mama Kofi.

Der gähnt. »Ich bin ziemlich spät ins Bett gegangen gestern.«

»Hast du zu lange ferngesehen?«

»Nein«, sagt Kofi. »Bei uns ist ein Fohlen geboren worden. Das war besser als Fernsehen!«

Anna horcht auf. »Wie? Ein echtes Fohlen?«

Kofi lacht. »Klar! Ein echtes Fohlen. Was denn sonst?«

»Habt ihr Pferde?«, fragt Anna.

»Nee, *wir* nicht. Aber der Clown, der bei uns geklingelt hat.«

»Was?« Anna glaubt, sich verhört zu haben, und bleibt stehen. »Was für ein Clown?«

»Der war voll geschminkt und hatte einen seltsamen Hut und eine blaue Perücke auf!«, erzählt Kofi. »Er arbeitet beim Zirkus auf der Wiese hinter unserem Haus.«

Kofi geht weiter, und Anna stolpert hinter ihm her. In ihrem Kopf wirbeln tausend Fragen durcheinander.

»Aber ... wie ... warum klingelt der bei euch?«, fragt sie.

»Na, weil ihm die Pferde gehören. Und eines hat ein Fohlen bekommen!«, sagt Kofi. »Meine Eltern sind Tierärzte, und wenn der Zirkus in der Stadt ist, kümmern sie sich um die Pferde.«

Tierarzt-Eltern? Das findet Anna spannend. *Ihre* Mamas arbeiten am Computer – voll langweilig! »Bist du dann alleine zu Hause geblieben?«

»Keine Chance! Ich war total wach!«, sagt Kofi. »Meine Eltern haben mich mitgenommen auf die Zirkuswiese. Die Stute des Clowns lag im Stall und hat ganz laut gewiehert. Das hat dem Clown Angst gemacht, und er dachte, sie braucht einen Arzt.«

Anna hört Kofi gespannt zu und achtet gar nicht mehr auf den Weg. Fast stößt sie mit einer Laterne zusammen. »Ging es der Stute schlecht?«

»Nein, aber sie hatte Wehen, und die tun sehr weh. Mama hat mir erklärt, dass das normal ist bei einer Geburt. Als wir im Stall ankamen, waren die kleinen Hufe des Fohlens schon zu sehen! Kurz danach war es raus!«

Anna atmet
auf. »Puh! Gut, dass
ihr da wart!«

Kofi schüttelt den Kopf. »Wir
mussten gar nichts machen. Die Stute hat
das allein geschafft. Der Clown hat sich eben
Sorgen um sie gemacht.«

»Geht's dem Kleinen denn gut?«, fragt Anna.

»Ja, das Fohlen ist fit. Wir sind so lange geblieben, bis es
aufgestanden ist. Zuerst hat es ziemlich gewackelt auf seinen
dünnen Beinen. Dann hat es getrunken.«

Anna ist jetzt gar nicht mehr müde. Was für eine aufregende
Nacht!

»Heute Morgen waren wir noch mal da«, berichtet Kofi weiter. »Bei Tageslicht konnten wir das Fohlen dann untersuchen.
Es hat ...«

Sie sind am Schultor, und Mama sagt »Tschüss, Anna!« und
umarmt sie.

Anna hat sie vollkommen vergessen. »Tschüss!«, ruft sie und dreht den Kopf nach Kofi um. Der ist schon weitergelaufen. Anna rennt hinter ihm her. Sie will unbedingt noch mehr über das Fohlen wissen.

»Es ist übrigens ein Junge«, sagt Kofi. »Bei Pferden heißt das ...«

»Weiß ich! Hengst!«, unterbricht ihn Anna.

»Stimmt! Aber du weißt noch nicht, welchen Namen er bekommen wird«, sagt Kofi und grinst Anna vielsagend an. »Der Clown hat es mir verraten. Willst du es wissen?«

Und dann gehen die beiden durch die große weiße Tür ins Schulgebäude.

14

„LEVI! LILLIFEE!"

»He! Was soll das?«

Fast wäre Mert hingefallen! Er dreht sich zu Theo um und schaut ihn böse an. Theo hat ihn angerempelt, und zwar mit Absicht! Da ist sich Mert sicher.

Theo grinst ihn frech an und sagt nichts.

In dem Moment rennt Levi an Mert vorbei und klatscht ihm mit der Hand auf den Rücken. »Du bist dran!«, ruft er. Ohne ein weiteres Wort dreht Mert sich um und rennt Levi hinterher, um ihn zu fangen.

Mert jagt Levi über den Schulhof, bis er ihn erwischt und am Arm packt. »Ich hab dich!«, ruft er. Sie entdecken noch mehr Kinder aus der Leopardenklasse.

»Spielt ihr mit Fangen?«, ruft Mert. »Levi fängt!«

Fünf Kinder kommen angerannt. Levi fängt Sophie, die nicht aufgepasst hat. Sophie fängt Elif, und Elif rennt erst hinter Sergej, dann hinter Karl her. Die anderen hopsen immer wieder in Elifs Weg und rufen: »Fang mich doch! Fang mich doch!« Kurz bevor sie bei ihnen ist, rennen sie mit lautem Geschrei weg. Luzie ist nicht schnell genug, und Elif fängt sie. Dabei verliert Luzie das Gleichgewicht und fällt in einen Blätterhaufen. Elif hechtet hinter ihr her. Die anderen springen auch hinein, und schon ist eine Blätterschlacht im Gange. Alle schleudern Blätter in die Luft und bewerfen sich gegenseitig damit.

»Ich bin das Blattmonster!«, kreischt Levi, als er aus dem Haufen auftaucht.

Theo hört das und rennt auf die Gruppe zu. »Nee! Du bist Lillifee!«, ruft er.

»Bin ich nicht!«, sagt Levi und krabbelt aus dem Haufen heraus.

»Levi! Lillifee!«, singt Theo in einer schrägen Melodie.

»Hör auf!«, ruft Levi.

Doch Theo singt weiter.

»Ich hab gesagt: Hör auf!«, wiederholt Levi, dieses Mal drohend. Doch Theo achtet nicht darauf. Er hüpft um Levi herum und singt sein »Levi! Lillifee!«.

Sophie findet, dass Theos Singsang ziemlich lustig klingt. Sie fragt sich, was Levi wohl als Nächstes macht.

Aufgebracht versucht Levi, Theo festzuhalten, aber er schafft es nicht. Elif versteht nicht, warum Levi sich so aufregt. Sie mag die kleine Prinzessin Lillifee mit ihrem Zauberstab und dem rosa Kleid. Aber Levi steht vielleicht nicht so auf Rosa.

Luzie, Karl und Sergej finden Theos Gesang doof. Sie wollen lieber weiter Fangen spielen.

»Mann! Jetzt hör doch mal auf!«, ruft Mert dem hüpfenden Theo zu. Schließlich sieht jeder, dass Levi nicht Lillifee ist.

Sophie singt jetzt auch mit: »Levi! Lillifee!«

»Stopp!«, brüllt Levi so laut er kann. »Lasst mich in Ruhe!«

Doch Theo und Sophie hören nicht auf. Levi ist eingekreist von den beiden hüpfenden und singenden Kindern. Er tritt mit den Füßen, um sich Platz zu verschaffen. Dabei erwischt er Sophie fast am Schienbein.

»Ich hab doch gar nichts gemacht!«, ruft Sophie, obwohl er sie gar nicht getroffen hat.

Theo stoppt den Singsang. »Hey! Man darf nicht treten!«, brüllt er Levi an.

»Du hast doch angefangen mit dem Quatsch!«, brüllt Levi zurück. »Blödmann!«

»Ich hau dir gleich eine runter!«, ruft Theo und geht drohend auf Levi zu.

»Man darf nicht hauen! Hör endlich auf!«, ruft Mert. Er will Levi helfen und ihn am Ärmel wegziehen. »Komm, wir verschwinden. Der will dich nur ärgern.«

Aber Levi ist wütend und lässt sich nicht wegziehen. Gleich ist Theo bei ihm!

Da hat Mert eine Idee! Er dreht sich zu Sergej, Luzie und den anderen und ruft ihnen etwas zu. Die Kinder fassen sich an den Händen und bilden eine Kette. Sie marschieren los und drängeln sich zwischen Levi und Theo. Jetzt steht Theo hinter den Kindern und kommt nicht mehr an Levi heran.

»Los! Wir spielen weiter!«, ruft Mert. Er klatscht dem überraschten Levi auf die Schulter und rennt weg. »Du bist dran!«

Levi dreht sich um und sprintet hinter Mert her, die anderen ebenfalls. Theo lassen sie einfach stehen.

Kurz darauf muss Mert auf die Toilette. Als er nach wenigen Minuten zurückkommt, sind die anderen nicht mehr da. Er findet sie alle unter den Kastanienbäumen. Sie spielen Fangen. Theo spielt auch mit. Levi rennt ihm gerade hinterher und klopft ihm auf den Arm. Theo rennt sofort weiter, um ein anderes Kind zu fangen.

Levi und Theo entdecken Mert und rennen zu ihm herüber. Levi ist als Erster bei ihm. »Wo warst du denn so lange?«, ruft er.

Keuchend kommt Theo ihm nach. »Spielst du wieder mit Fangen?«

Mert blickt von Theo zu Levi und wieder zurück. »Habt ihr euch vertragen?«

»Schon lange!«, sagt Theo und legt Levi kumpelhaft den Arm um die Schultern. »Los, wir spielen weiter! Die Pause ist gleich zu Ende.«

Levi grinst. »Ich hab mir für Theo auch einen Spitznamen ausgedacht! Der ist ziemlich gut ...«

»Du darfst ihn keinem sagen!«, sagt Theo. »Hast du versprochen!«

Levi nickt. »Ist doch klar! Spitznamen sind sowieso Quatsch! Wir haben doch richtige Namen, wozu brauchen wir dann Spitznamen?«

»Außer ...« Theo zieht Mert und Levi an ihren Jacken wieder auf den Schulhof. Dort rennen die anderen Kinder immer noch hintereinanderher.

»Außer das sind so Schnecken wie ihr!« Er lacht und klopft Levi und Mert auf die Schultern. »Fangt mich doch, ihr Schnecken!« Und er rennt weg, so schnell er kann.

15

BRUCHLANDUNG MIT HUBSCHRAUBER

»Ich bin ein Hubschrauber!«, rufen Elif und Ben. Sie lassen ihre Schulranzen fallen, strecken die Arme aus und drehen sich im Kreis. Immer schneller und schneller werden sie. Dabei fegen sie quer über den Schulhof. Elif macht laute Hubschraubergeräusche. Beim Starten noch ganz langsam: »Bob-bob-bob-bob-bob.« Und dann immer schneller: »B-b-b-b-b-b-b-b-b-b!« Bis sie beinahe abhebt.

Johanna kommt durchs Schultor und sieht, wie die beiden über den Schulhof wirbeln. Bis gerade war sie noch müde, aber jetzt breiten sich mit einem Mal wie von alleine ihre Arme aus. Sie würde am liebsten fliegen! Sie dreht sich und dreht sich, verliert fast das Gleichgewicht, kann sich gerade noch abfangen und dreht sich schon wieder weiter.

Ein paar Kinder bleiben stehen und sehen Elif, Ben und Johanna zu. Linus und Hugo aus der Leopardenklasse sind auch dabei. Sie lachen und fangen ebenfalls an, sich zu drehen.

Dann läutet die Schulglocke, schon zum zweiten Mal. Linus hält außer Atem an. Er wischt sich die wirren Haare aus dem Gesicht und sucht die anderen Hubschrauber. Haben sie die Glocke gehört?

»Der Unterricht fängt an!«, ruft er ihnen zu.

Ben fliegt gerade im Sturzflug in die Sandkiste, Elif wirbelt zu Johanna hinüber. »B-b-b-b-b-b!«, macht ihr Hubschraubermotor – und schon düst sie weiter.

Linus geht zur Schultür und zieht Hugo mit. An der Tür dreht er sich um. »Kommt! Wir müssen rein!«, ruft er den anderen zu, so laut er kann.

Doch die hören ihn gar nicht. Elif rast in einem Affenzahn an ihm vorbei, Ben wirbelt mit seinen Rotorblättern herum, und Johanna befreit ihren Hubschrauber vom Sand. Dann beginnen sie einen Luftkampf. Sie rennen so schnell sie können aufeinander zu und stoßen zusammen. Ihre Ranzen nehmen sie dabei als Puffer, damit die Hubschrauber keine Dellen bekommen.

Als Linus und Hugo längst auf ihren Plätzen im Klassenzimmer sitzen und die Mäppchen ausgepackt haben, stürzen Elif, Ben und Johanna herein.

Frau Stolten blickt die drei verwundert an.

»Wo kommt ihr jetzt her?«

»Vom Schulhof«, antwortet Elif.

»Wir waren Hubschrauber!«, ergänzt Ben.

»Voll schnell!«, ruft Johanna.

»Aha! Dann fliegt doch das nächste Mal bitte auch voll schnell ins Klassenzimmer, wenn es klingelt«, sagt Frau Stolten.

Dann fährt sie mit dem Unterricht fort. Heute geht es in der Leopardenklasse um den Buchstaben »B«.

»Welche Wörter kennt ihr, die mit ›B‹ anfangen?«, fragt Frau Stolten.

Mert meldet sich. »Banane«, sagt er.

Hugo meldet sich auch und sagt: »Bus.«

»Bahnhof«, fügt Sophie hinzu.

Elif denkt an das Geräusch ihres Hubschraubers. »B-b-b-b-b-b.«

Währenddessen teilt Frau Stolten Blätter aus. »Jetzt schreibt bitte das große und das kleine ›B‹ auf dieses Arbeitsblatt«, erklärt sie.

»B-b-b-b-b-b.« So wie der Hubschrauber, in dem Elif gestern beim Tag der offenen Tür am Flughafen sitzen durfte. Das war so cool! Sie dreht das Arbeitsblatt um und beginnt, einen Hubschrauber auf die Rückseite zu malen. Der Pilot hat ihr sogar gezeigt, wie man den Motor einschaltet, und es dröhnte richtig in Elifs Ohren: »B-b-b-b-b-b!« Sie durfte die Kopfhörer aufsetzen und mit dem Piloten per Funk sprechen. Am liebsten wäre sie abgehoben!

»B-b-b-b-b-b!«

Hat sie das etwa laut gemacht? Elif ist sich nicht sicher.

»Pass doch auf!«, sagt Linus zu ihr.

Elif hat tatsächlich die Arme ausgebreitet und ihn aus Versehen angestoßen. Jetzt hat er einen dicken Strich durch sein letztes »B« gemalt.

Elif kommt nicht mehr dazu, sich zu entschuldigen, denn Frau Stolten winkt sie nach vorne. »Elif, ich möchte, dass du das große und das kleine ›B‹ an die Tafel schreibst.« Sie hält ihr ein Stück Kreide hin.

Elif springt auf. Sie wirft noch schnell einen Blick auf Bens Blatt, um nachzuschauen, wie das »B« überhaupt aussieht. Dann geht sie nach vorne. Sie schreibt viele »B« an die Tafel. Die meisten sind ziemlich schief.

»Danke, Elif«, sagt Frau Stolten. »Nach der Pause kannst du uns allen berichten, warum dich Hubschrauber heute so beschäftigen. Dann machen wir nämlich einen Erzählkreis.«

Elif freut sich. »Klar! Mache ich! Ich durfte nämlich am Wochenende in einem echten Hub ...«

Frau Stolten unterbricht sie. »Bis zum Erzählkreis möchte ich, dass der Hubschrauber am Boden bleibt und du das ›B‹ übst. Dafür musst du dein Arbeitsblatt wieder umdrehen und aufhören zu malen.«

Elif geht an ihren Platz zurück und nimmt sich etwas vor: Wenn sie das nächste Mal mit dem Hubschrauber in die Schule kommt, wird sie *vor* der Schule einen Landeplatz suchen.

JUTTA BEREND wurde 1994 eingeschult. Die Schultüte hat sie im Kindergarten gebastelt, und weil sie kurz zuvor von ihrer Oma einen Jogginganzug geschenkt bekommen hatte, bestand sie darauf, diesen zur Einschulungsfeier zu tragen. Zum Glück bekam sie Unterstützung von ihrer Zwillingsschwester, sodass sie zumindest nicht allein dastand. Heute trägt Jutta Berend Jogginghosen nur noch zu Hause und manchmal bei der Arbeit, wenn sie neue Kinderbücher illustriert.

KATRIN POKAHR verdankt die Idee zu diesem Buch ihrem ältesten Sohn, der lange rätselte, was ihn in der Schule erwartet. Für alle Kinder, denen es ähnlich geht, machte sie aus seinen Erlebnissen diese Geschichten. Katrin Pokahr war Zeitungsredakteurin und studierte Geschichte. Sie arbeitet als freie Autorin in Köln, schreibt Kinderbücher und hält lebhafte Lesungen, zu denen sie eine Schafherde oder einen Fluss mitbringt – oder einen Schulranzen. (https:// katrinpokahr.de)

BALD BIST DU EIN SCHULKIND!

Und damit dir bis dahin nicht langweilig wird, haben wir ein paar bunte Seiten für dich zusammengestellt. Hier findest du lustige Übungen und Rätsel sowie Bastelanleitungen und Rezepte für deine Einschulungsfeier.

Viel Spaß!

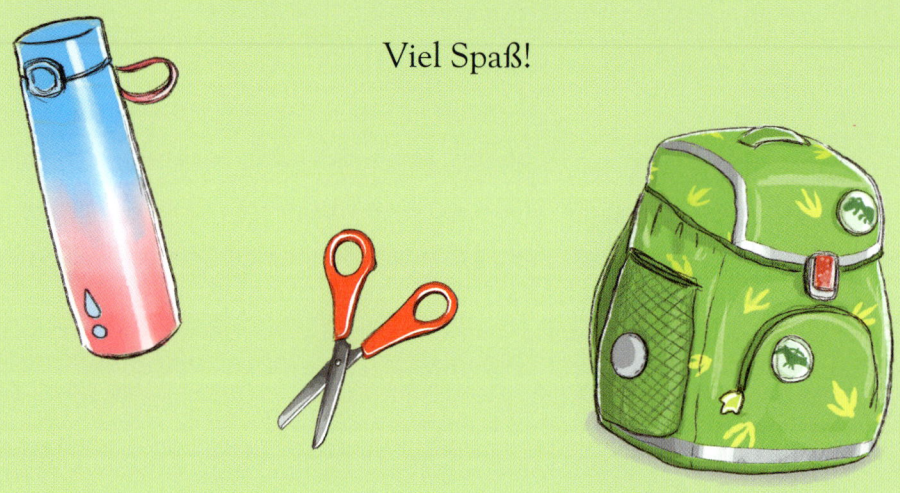

Ausführliche Anleitungen zu den Bastelideen und Rezepten sowie viele weitere tolle Ideen findest du hier unter baumhausbande.com:

WIE SOLL DEINE SCHULTÜTE AUSSEHEN?

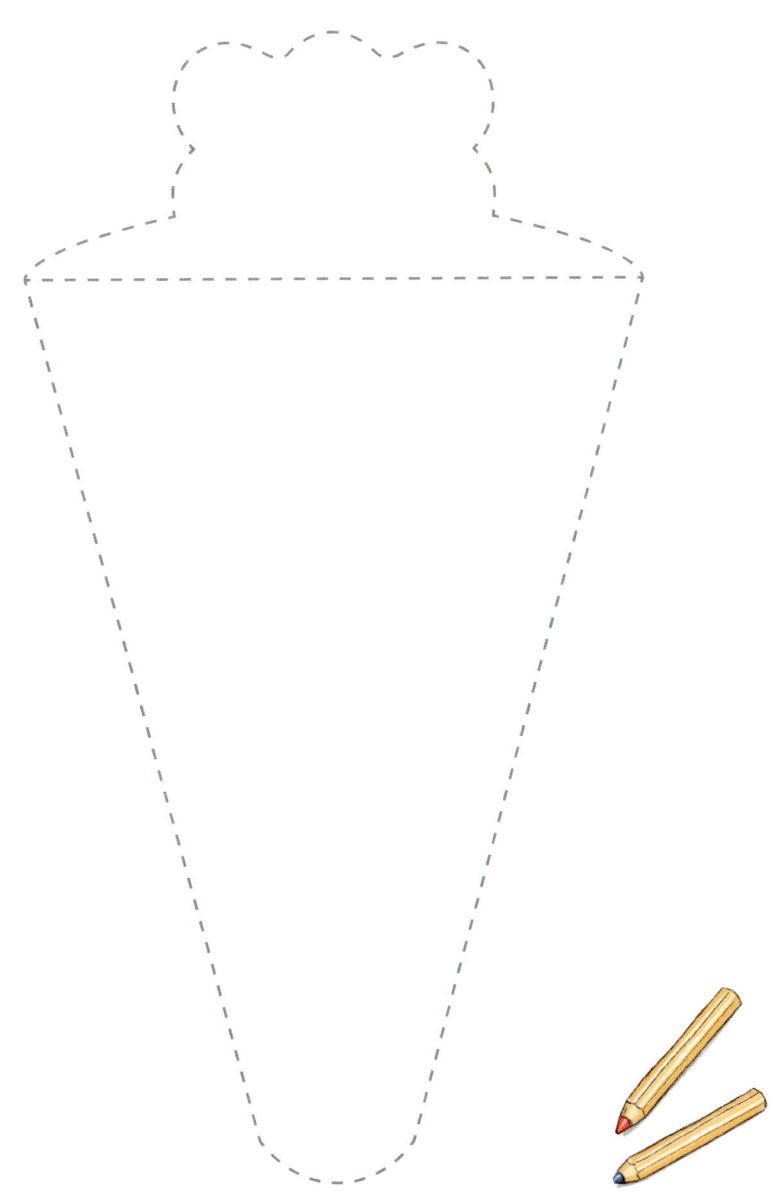

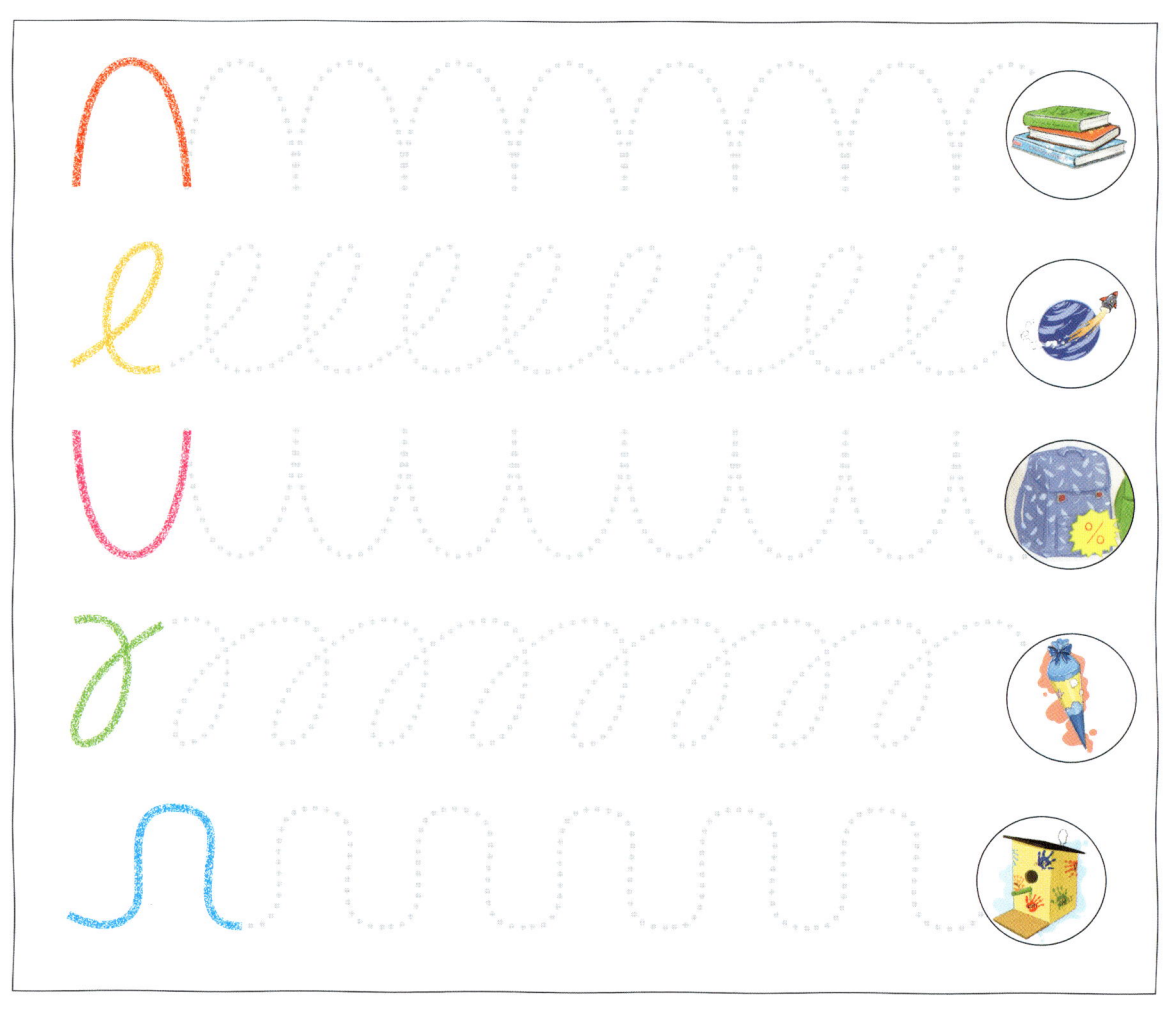

✏ SPURE DIE LINIEN NACH!

Erkennst du die Buchstaben, die sich dahinter verbergen?

Fahre sie mit einem Stift nach, wie die Pfeile es anzeigen.

T U V

W X

Y

Z

117

✎ FINDE DEN WEG!

Wie viele Radiergummis findet Kofi auf dem Weg
zu seinem Schlampermäppchen?

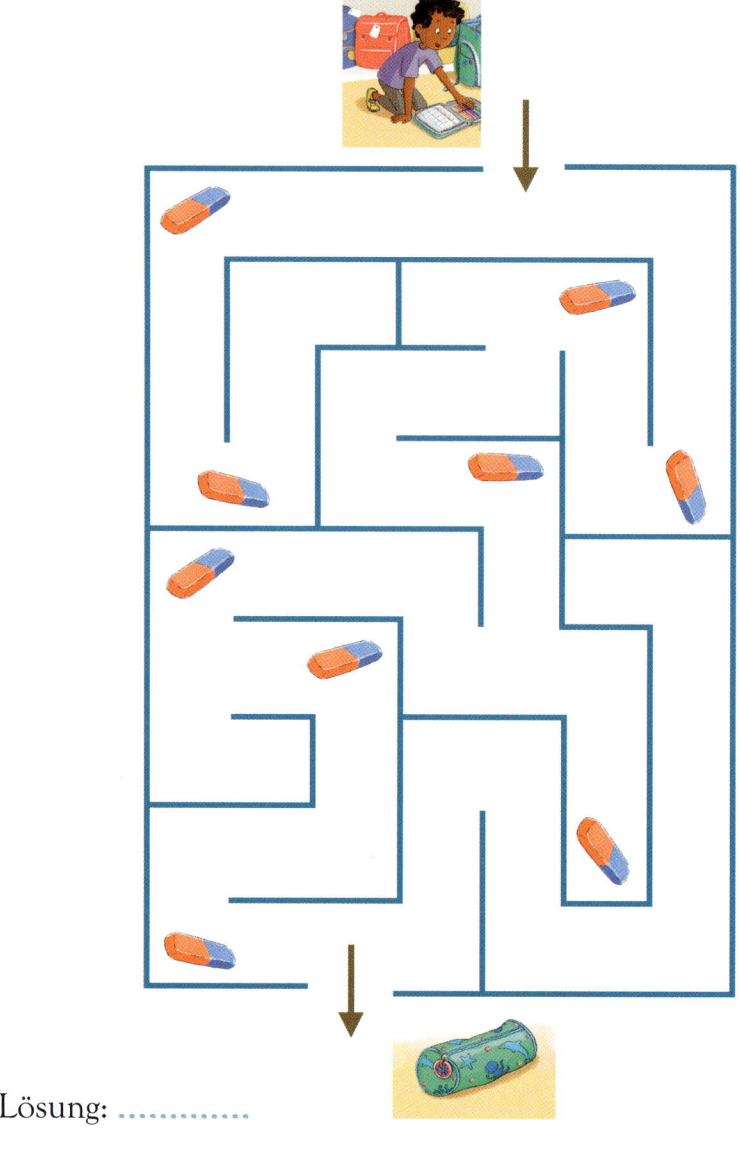

Lösung: ....

✎ SCHAU GENAU HIN!

Welches ist der richtige Schatten? Male einen Kreis darum.

✎ ZAHLEN SCHREIBEN!

Fahre die Zahlen mit einem Stift nach,
wie die Pfeile es anzeigen.

✏ EINEN STIFTEHALTER BASTELN!

DAS BRAUCHST DU:

- 2–3 leere Klopapierrollen
- 1 Stück feste Pappe
- Wasser- oder Acrylfarben, buntes Geschenkpapier oder Bänder
- Kleber, Schere, Pinsel, Stifte, Heißklebepistole

UND SO GEHT'S:

1. Schneide die Klopapierrollen in verschiedene Größen. Eine lässt du ganz. Von einer schneidest du ein Stück ab, etwa so breit wie dein Daumen. Die dritte kannst du noch kleiner schneiden, wie auf dem Bild zu sehen.

2. Gestalte die Rollen nach Lust und Laune. Du kannst sie bunt anmalen oder mit Geschenk- papier, Stickern und Bändern bekleben.

3. Schneide einen Kreis aus fester Pappe für den Boden des Stiftehalters aus. Du kannst dir den Kreis auch vorher anzeichnen, indem du eine Schüssel als Schablone nimmst.

4. Klebe die bunten Klopapierrollen auf dem Boden fest. Am besten geht das mit einer Heißklebepistole (Achtung: Bitte einen Erwachsenen um Hilfe!). Alternativ kannst du auch Klebestreifen verwenden.

5. Sortiere deine Stifte, Schere und Klebstifte je nach Größe in die Halterungen. Fertig!

EINE SCHULTÜTENGIRLANDE BASTELN!

UND SO GEHT'S:

1. Schneide aus dem Bastelkarton etwa 10–15 cm hohe Schultüten aus (so viele, wie deine Girlande lang sein soll). Du kannst die Tüten auch noch mit Stickern verzieren oder anmalen.

2. Nimm eine ausgeschnittene Schultüte als Maß für das Zuschneiden des Krepppapiers. Leg die Schultüte auf den Rand des Krepppapiers und lass an den Seiten jeweils so viel Platz, dass das Krepppapier problemlos auf jeder Seite bis zur Mitte der Schultüte umgeklappt werden kann. Schneide den passenden Streifen etwa 10–15 cm lang ab.

3. Schneide für alle Schultüten einen Krepppapierstreifen ab. Als Maß kannst du den ersten Streifen nehmen.

4. Klebe die Krepppapierstreifen an die Schultüten.

5. Binde um jede Schultüte eine kleine Schleife. Vorsicht, das Krepppapier reißt schnell ein.

6. Knote die fertigen Schultüten an einer langen Schnur fest und hänge deine Girlande auf. Fertig!

BUNTSTIFTKEKSE

DAS BRAUCHST DU:

- 200 g Margarine oder Butter
- 100 g Puderzucker
- 400 g Mehl
- Backpapier
- 1 gehäufter TL Backkakao
- Rote Lebensmittelfarbe

UND SO GEHT'S:

1. Verrühre die Butter mit dem Puderzucker zu einer cremigen Masse und rühre dann das Mehl unter.
2. Nimm ca. 2 EL Teig ab und stelle ihn beiseite. Teile den Rest in zwei Hälften. Unter die eine Hälfte knetest du den Kakao und unter die andere etwas rote Lebensmittelfarbe, bis der Teig rosa ist. Sollte der Teig zu klebrig sein, kannst du noch etwas Mehl unterkneten.
3. Rolle den Teig portionsweise ca. 5–7 mm dick aus. Schneide die bunten Keksteige erst in Streifen. Dann kannst du sie jeweils buntstiftlang abschneiden und vorn spitz zuschneiden.
4. Schneide Dreiecke aus dem hellen Keksteig und dann die obere Ecke ab. Leg die Teigstückchen auf die Spitzen deiner Buntstift-kekse und drücke sie leicht fest.
5. Ziehe mit einem Messer Rillen auf die Buntstiftkekse und lege sie auf ein mit Backpapier belegtes Backblech. Backe die Kekse bei 180 °C Umluft ca. 8–10 Minuten. Fertig!

✏ EINSCHULUNGSKUCHEN

DAS BRAUCHST DU:
- 250 g Butter
- 300 g Zartbitterschokolade
- 150 g Zucker
- 5 Eier Gr. M
- 200 g Schlagsahne
- 300 g Mehl
- 2 TL Backpulver
- 200 g Vollmilchschokolade
- 200 g Puderzucker
- 10 Schokoriegel

UND SO GEHT'S:

1. Schmelze die Butter und die Zartbitter-schokolade bei geringer Hitze.

2. Rühre den Zucker und die Eier cremig. Gib den abgekühlten Butter-Schokomix dazu.

3. Mische das Mehl mit dem Backpulver und rühre es zusammen mit 100 g flüssiger Sahne unter.

4. Streiche den Teig auf ein gefettetes Backblech und backe ihn bei 160 °C Umluft für ca. 15 Minuten. Lass ihn abkühlen.

5. Hacke die Vollmilchschokolade klein. Koche 65 g flüssige Sahne kurz auf, nimm den Topf vom Herd und rühre die Schokolade unter, bis sie geschmolzen ist.

6. Verteile die Schokoriegel so auf dem Kuchen, dass sie den Tafel-rahmen bilden. Gib den Schokoguss in die Mitte und verstreiche ihn bis zu den Schokoriegeln.

7. Verrühre 3–4 EL Sahne mit dem Puderzucker zu einem cremigen Guss. Gib ihn in eine Spritztüte (bzw. in einen Gefrierbeutel mit abgeschnittener Spitze) und verziere die Tafel. Fertig!

Unsere kunterbunt illustrierten Vorlesebücher warten darauf, entdeckt zu werden:

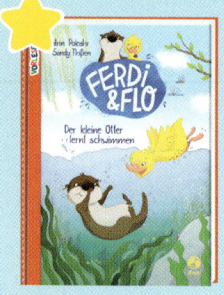
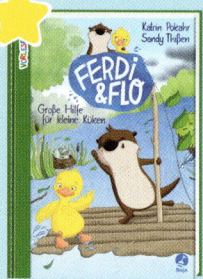
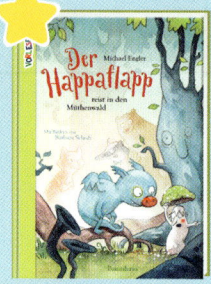
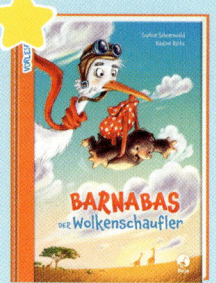
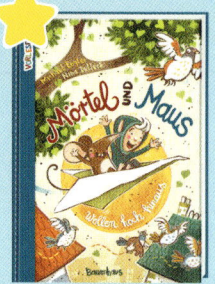

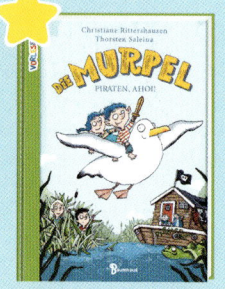

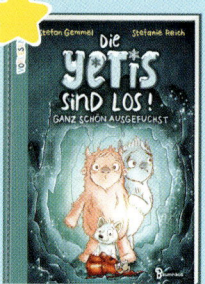

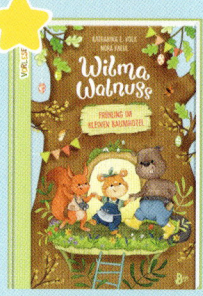
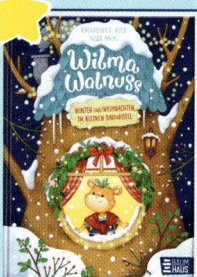

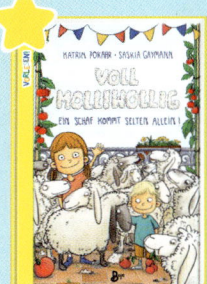

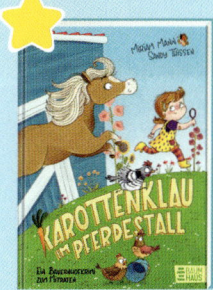

 Mach ein Kreuzchen an die Vorlesebücher, die du schon hast. So behältst du den Überblick.

Mehr erfahren unter

BaumhausBande.com/vorlesen

LÖSUNGEN:

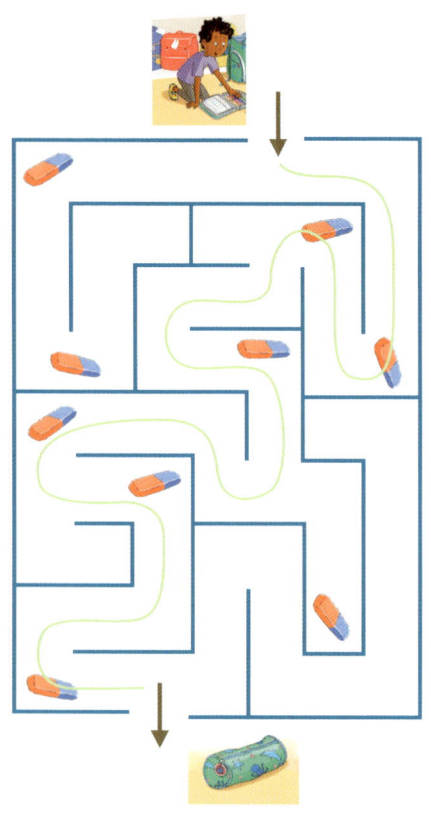

Lösung: 6

VIEL SPASS IN DER SCHULE!